Ma Provence

en toute Zénitude...

RAFAEL. F.

Ma Provence

en toute Zénitude...

© 2023 RAFAEL. F.
Édition : BoD – Books on Demand, info@bod.fr
Impression : BoD – Books on Demand, In de Tarpen 42, Norderstedt

(Allemagne)
Impression à la demande
Illustration : RAFAEL. F.
ISBN : 978-2-3221-0115-3
Dépôt légal : Mai 2023

PREFACE :

J'avais tout juste quatre ans lorsque ma famille et moi sommes venus habiter en Provence. Et depuis, je n'ai jamais quitté cette belle région ; cela fait maintenant presque cinquante ans. Je me suis toujours considéré comme provençal d'adoption. Pour être honnête, si je devais la quitter, cela «me fendrait le cœur». J'aime tant les coutumes et expressions provençales. Sans oublier l'amour que je ressens pour ses paysages, ses reliefs, ses couleurs, ses villages et ses odeurs.

Et puis un jour, je me suis dit : «Pourquoi ne pas faire découvrir ou redécouvrir son authenticité grâce à ce guide ?»

Je suis donc parti visiter des villages, des villes, des forêts ; dans le Lubéron, le Var, les Alpes-de-Haute-Provence, les Alpilles, etc.... J'ai essayé, au travers de mes photos et mes récits, de vous transmettre toutes les émotions et le bonheur que j'ai pu ressentir lors de mes excursions.

J'espère que vous partagerez le plaisir que j'ai eu à écrire *«Ma Provence en toute Zénitude»*.

Rafael. F.

TABLE DES MATIERES :

CHAPITRES :

REMERCIEMENTS

Cassis...

Lorsque l'on décide de faire un périple en Provence, s'il y a bien une ville qui demeure incontournable, c'est la commune de Cassis.

Cela fait maintenant de nombreuses années que je m'y rends régulièrement. Et chaque fois, je ressens ce sentiment de découverte, la couleur de l'eau, les odeurs. Sans oublier le soleil éclairant les façades aux multiples nuances qui évoluent au fil de la journée. C'est un peu comme si le photographe mettait un nouveau filtre à chaque photo.

Superficie : 26,86 km²   Population : 6782 (2020)

Ce petit port méditerranéen aux rues étroites et entrelacées, fraternise avec une mer au caractère si imprévisible et ses falaises calcaires où l'on peut apercevoir un château datant de l'empire carolingien du VIIIe siècle.

J'aime tant flâner au bord de l'eau sur ces pavés usés et lustrés par le temps. En les observant, il est très facile de s'imaginer les millions de personnes qui ont fait la même chose durant les siècles passés. Au fil des décennies, Cassis a su garder son identité. Son architecture a certes évolué avec le temps, mais ses dirigeants ne l'ont jamais dénaturé et déstructuré.

Personnellement, je fais toujours en sorte d'arriver vers midi. Ainsi, je peux m'asseoir en terrasse . Et que l'on soit en hiver ou en été, que l'on porte un tee-shirt ou une grosse veste, les restaurants et brasseries sont perpétuellement occupés par les touristes et les locaux.

Je peux y admirer ces magnifiques «pointus» (barques marseillaises) aux couleurs vives et si bien entretenus par leurs propriétaires.

Et si vous faites preuve d'un peu de patience, vous aurez certainement la chance de voir les restaurateurs acheter, en plein service, leurs poissons pêchés du matin, et ce directement sur le pointu. Difficile de manger plus frais ... non ? Petit conseil, tendez l'oreille pour écouter les conversations qui se dégagent de cette «transaction». Car chacun ira de son commentaire qui s'avérera être plus ou moins pertinent, il faut se l'avouer !

Puis, afin de digérer ce bon repas aux couleurs et aux saveurs méditerranéennes qui aura su mettre en éveil mes papilles gustatives, je marche le long de la digue, sur ces pierres aux reliefs incertains, pour y rejoindre en son extrémité son phare, poli par les caprices de la mer et de la météo. Et là, impossible d'échapper au plaisir des embruns qui viendront fouler et rafraîchir votre visage, avant de s'écraser sur les rochers. Et si, comme moi, vous aimez méditer ou tout simplement décompresser face à une eau où se reflètent les doux rayons du soleil : vous serez au bon endroit....

Mais Cassis, ce n'est pas seulement un port et des ruelles ombragées. C'est aussi un magnifique parc naturel protégé et respecté par ses habitants, où l'on peut faire de magnifiques randonnées pédestres ou à vélo, seul ou en famille, sur des sentiers balisés et sécurisés. Quand je m'y rends avec mon sac à dos et mon appareil photo, je ne peux me lasser du paysage qui s'offre à moi.

C'est comme si j'étais seul au monde face à cette beauté que la nature met à ma disposition. Ce qui est étrange et rassurant, c'est le respect que peuvent éprouver les promeneurs, toutes générations confondues. On parle sans crier, on se salue en se croisant, on fait en sorte de marcher sur les pierres, elles aussi polies par le temps, sans jamais ni détériorer ni arracher les végétaux. Au travers de cette balade, vous aurez aussi la possibilité, pour les plus courageux, de vous baigner dans une eau d'un bleu si intense qu'il rendrait jalouses les plus belles plages dites paradisiaques.

Quand je dis «les plus courageux», il faut savoir, en toute objectivité, que les eaux de Cassis sont réputées pour leur fraîcheur revigorante. Surtout si notre cher mistral nous a rendu visite les jours précédant la baignade !

Toutefois, si vous n'avez pas un tempérament sportif, ou l'aptitude physique appropriée, vous aurez cependant la possibilité de voir le parc naturel de Cassis par la mer. En effet, la ville propose des visites guidées de ses côtes et ses calanques en bateau, au départ du port. Ayant eu la chance de le faire, je peux vous garantir que cela vaut le coup d'œil.

Petit conseil : en pleine saison, pensez à réserver vos places!

Sur un plan historique, la presqu'île cohabitait autrefois avec ses carrières. Leurs vestiges y sont encore très bien conservés et facilement visibles. C'était sur ce site qu'était extraite la célèbre pierre de Cassis, réputée pour sa solidité et sa longévité. Aux siècles précédents, beaucoup de cuisines marseillaises possédaient des éviers taillés dans cette roche. Aujourd'hui ces «piles», comme on dit chez nous, se vendent à prix d'or et servent souvent à agrémenter des cuisines d'été. Si un jour vous avez la chance de marcher sur les quais d'Alexandrie, vous foulerez de la pierre de Cassis, entre autres endroits...

Bref, si vous êtes comme moi, si vous aimez la beauté et l'authenticité d'un lieu, où l'on peut s'évader l'espace de quelques heures, vous ne pourrez pas passer devant Cassis sans vous y arrêter !

Au fait, on ne prononce pas le «S» de Cassis. C'est pour le fruit qu'on le prononce.

La Sainte-Baume...

Le point culminant est le Joug de l'Aigle et le signal des Béguines à 1 148 mètres.

Puis à une quarantaine de kilomètres de Cassis, se dresse fièrement le massif de la Sainte-Baume, sur la commune de Plan-d'Aups-Sainte-Baume. C'est avec majestuosité que ce dernier vient s'imposer, en faisant la jonction entre les Bouches-du-Rhône et le Var.

Superficie : 45 000 hectares

Il faudra cependant compter quelques kilomètres de virages en tête d'épingle, plus étroits les uns que les autres, pour enfin atteindre le site. Ainsi, paré de mon sac à dos, d'une paire de chaussures de marche et de mon inséparable appareil photo, je suis fin prêt pour mon ascension.

Le premier ressenti que l'on a en pénétrant dans cette forêt, est l'aspect très imposant des lieux. On se sent si petit aux pieds de ces arbres hauts de plusieurs dizaines de mètres et vieux de plusieurs siècles. C'est un peu comme si chacun d'eux tentait d'entrer en contact avec les cieux, sans jamais y parvenir. Tant leurs troncs sont longilignes et réguliers.

La saison que je préfère pour m'y rendre est l'automne. La nature se transforme littéralement. La palette de couleurs qui annonce la fin de l'été et l'entrée dans l'hiver, est si belle et si variée qu'il est difficile de la décrire avec de simples mots. La base des arbres et le bord des sentiers sont habillés d'une mousse d'un vert si intense que l'on croirait qu'elle a été peinte à la main.

Même si ce n'est que l'association d'une forte humidité et de parcelles qui ne voient jamais le soleil, le résultat n'en est pas moins sublime. Les troncs coupés par la main de l'homme ou tout simplement brisés par les caprices de la nature, sont eux aussi recouverts de champignons certes non comestibles, mais si agréables à regarder et à immortaliser. Tellement leurs formes sont atypiques et indescriptibles.

Avec toutes ces odeurs, ces couleurs et ce lieu un peu magique, pas besoin d'avoir une imagination débordante pour penser qu'à tout moment, on pourrait voir sortir de nulle part un elfe ou une fée.

Cependant si je peux vous prodiguer un petit conseil, restez concentrés sur les sentiers. Car en période automnale, entre les chemins sinueux, les marches polies par des siècles d'existence et les feuilles humides qui viennent sournoisement les recouvrir, il est très facile de se prendre un gadin, comme on dit ici. Au demeurant, malgré cette petite parenthèse, la promenade reste largement accessible à tout public.

Puis, lorsque vous aurez marché pendant environ 45 minutes, 30 pour les plus aguerris. Que vous aurez croisé des bancs taillés à même la pierre. Que vous vous serez rafraîchi à la célèbre Source de Nans. Vous arriverez comme par enchantement aux pieds des marches du Sanctuaire Dominicain datant du 13ème siècle qui ne fait qu'un avec la falaise. Selon la légende, le premier témoin de la résurrection du Christ aurait vécu dans ce Sanctuaire. Et pas besoin d'être un grand pratiquant de la religion chrétienne pour en ressentir son mysticisme. La première fois que j'ai franchi son seuil, je fus pris d'une émotion si intense que mes yeux se sont embués. C'était un peu comme si un courant d'air d'ondes positives m'avait traversé de part en part.

Sur la montée des marches, vous pourrez admirer des scènes du Christ, grâce aux statues grandeur nature. Devant le parvis de l'église, édifiée à même la grotte, vous contemplerez un panorama d'une rare beauté qui vous laissera pantois.

Mais je crois que l'instant qui m'a le plus ému, c'est lorsque je suis entré dans la grotte. L'originalité de ce sanctuaire ne peut pas vous laisser insensible. Sa sobriété et sa singularité font de lui un endroit à part. L'humidité est si présente que les gouttes tombent sans discontinuer de la voûte rocheuse, venant former sur son sol irrégulier de petites flaques d'eau. Permettant ainsi aux cierges et aux vitraux de faire onduler leurs reflets. Pour celles et ceux qui veulent se recueillir, vous aurez la possibilité de vous asseoir sur des bancs patinés par les pèlerins et les touristes face à un imposant autel.

Puis c'est chargé d'émotion que vous ressortirez du monastère afin de finir votre «pèlerinage» jusqu'au point culminant de la Sainte-Baume. Et si vous avez comme moi, la chance que le ciel soit dégagé, vous apercevrez Marseille et son littoral.

Généralement, pour conclure mon escapade, je m'arrête toujours au petit restaurant/snack, en bordure du parking, pour prendre une boisson fraîche ou un chocolat chaud, selon la saison. Cela me permet de revoir mes photos et ainsi de prolonger par la pensée cette belle randonnée.

Cotignac...

Puis, j'ai décidé de quitter le bord de mer, d'entrer un peu plus dans l'arrière-pays varois, pour me rendre à Cotignac ; petite commune à une quarantaine de kilomètres de Saint-Maximin. C'était la première fois que je m'y rendais. Et croyez-moi, je n'ai pas été déçu ! Un véritable concentré de découvertes en tout genre.

M'étant garé aux pieds de la falaise, je décidais de commencer mon périple par la visite des vestiges des deux tours du château féodal, datant du 11ème siècle.

Superficie : 44,26 km²   *Population : 2254 (2015)*

Durant l'ascension des chemins pavés, admirablement préservés par le temps, j'ai pu admirer, sur les quelques centaines de mètres à gravir, des objets assez insolites. Telles que des ruines de façades qui autrefois étaient certainement de belles et grandes maisons ; ou des voûtes creusées à même la roche servant aujourd'hui de garages pour les habitants ; ou des fontaines aux pierres usées et recouvertes de mousse. Sans oublier les superbes demeures en pierre ; ou tout simplement ce pressoir à olives si bien entretenu. Car parmi l'artisanat, très présent à Cotignac, il y a notamment l'oléiculture qui donne naissance à une huile d'olive très réputée au-delà de nos frontières provençales.

J'ai pu aussi apercevoir de temps à autres, d'énormes trous dans les murs envahis par le lierre. C'est un peu comme si Dame Nature avait souhaité nous ouvrir une fenêtre afin de contempler ce merveilleux paysage de la plaine varoise.

Petite précision qui n'est pas des moindres. Cotignac possède plusieurs édifices inscrits aux monuments historiques. La fontaine des quatre saisons, la fontaine du lavoir, certaines maisons ou façades, pour ne citer qu'elles.

Et si vous voulez avoir une vue d'ensemble sur ces merveilles créées par la main de l'homme voilà plusieurs siècles, faites comme moi ! Prenez le temps de vous asseoir à une des nombreuses terrasses de restaurants afin d'y déguster un bon repas aux saveurs régionales.

Je ne pouvais pas partir de ce lieu si pittoresque sans aller admirer sa célèbre cascade. Mais ce spectacle naturel se mérite. J'ai donc dû marcher une quinzaine de minutes dans un sous-bois aux mille et une couleurs, où les troncs coupés sont peu à peu recouverts de fongus, et longer une petite rivière entrecoupée de mini torrents, pour enfin atteindre le site tant convoité.

On dit que c'est un lieu de pèlerinage pour les couples en espérance d'enfants. Mais que l'on croit ou pas à la «légende», le spectacle que nous offre cette chute d'eau naturelle est vertigineux et enivrant. Sur plusieurs dizaines de mètres, l'eau blanchie par l'écume vient s'unir à une paroi escarpée où se mêlent lichen, végétation naissante et mousse.

C'est un peu comme si chaque végétal concourait pour mettre en valeur ses couleurs chatoyantes.

Sur le chemin de retour, je me disais que l'homme était capable du pire, mais il était aussi capable de réaliser de magnifiques choses. A Cotignac, il a su parfaitement harmoniser ce que la nature avait mis à sa disposition, avec de belles créations architecturales. Et surtout ses administrés ont su les préserver !

Alors que vous aimiez vous promener en solitaire ou en famille, si vous passez du côté de Brignoles, faites un petit crochet par cette commune atypique qui saura émerveiller vos yeux et combler votre curiosité.

En ce qui me concerne, je n'étais pas en espérance d'enfants, mais en espérance de sensations visuelles et olfactives ... Et Cotignac a su répondre à mes attentes !

Aix-en-Provence...

On dit qu'à Aix-en-Provence, ville fondée en 123 avant jésus Christ, il y aurait en moyenne 300 jours d'ensoleillement par an. Mais bon, même si j'adore cette commune, je ne suis pas allé jusqu'à les compter. Cependant, j'ai toujours une bonne excuse pour m'y rendre. Que ce soit pour faire les magasins, aller au restaurant ou tout simplement boire un verre en terrasse.

Superficie : 186 km²   Population : 142 700 (2015)

Je dirai que la Canebière est à Marseille, ce que le Cours Mirabeau est à Aix-en-Provence. Et c'est lui qui fait la jonction entre la vieille ville et les nouveaux quartiers, telle une passerelle le ferait entre le passé et l'avenir.

Quand vous arpenterez les ruelles d'Aix, également renommée pour ses thermes, vous ne serez pas insensible à la diversité de son architecture et de sa population. Que l'on soit en été ou en hiver, qu'il soit midi ou minuit, les rues sont sans cesse animées. Il y règne une ambiance particulière. Ses habitants sont sereins et apaisés. Ils sont fiers d'être aixois et de faire découvrir leur patrimoine aux touristes venant des tant de pays différents.

Je me surprends souvent, assis en terrasse, à me demander où peuvent bien aller toutes ces personnes jeunes, moins jeunes, seules ou accompagnées. Vont-elles suivre un cours de théâtre ? Visiter un des innombrables musées, après avoir rejoint un ami dans un restaurant, enclavé dans une petite ruelle? Ou bien tout simplement immortaliser sur une toile un décor qu'ils pourront exposer sur le cours Mirabeau ou dans une des nombreuses galeries d'art ? N'oublions pas que c'est grâce à Paul Cézanne, célèbre peintre aixois (1839-1906) que notre montagne de la Sainte-Victoire est devenue si populaire.

Et c'est aussi par sa diversité culturelle, ethnique, ses installations et une de nombreuses universités qu'Aix-en-Provence a su attirer une population étudiante très importante. D'où cette vie diurne et nocturne si particulière.

Et c'est aussi par sa diversité culturelle, ethnique, ses installations et une de nombreuses universités qu'Aix-en-Provence a su attirer une population étudiante très importante. D'où cette vie diurne et nocturne si particulière.

Comme je vous l'ai dit dans un précédent chapitre, je ne suis pas pratiquant de la religion catholique, mais j'aime néanmoins visiter les édifices religieux, toutes confessions confondues. Et à Aix-en-Provence, si vous prenez le temps de parcourir les rues de la vieille ville, vous découvrirez une multitude de constructions de différentes époques et différents styles. L'église du St Esprit (XVIIIe), St-Jean-de-Malte (gothique, XIIIe), St Sauveur (cathédrale du XIIe), pour ne citer qu'elles. Ainsi, vous pourrez immortaliser de magnifiques statues, peintures et orgues d'église en tout genre.

Mais au détour des ruelles vous découvrirez aussi des fontaines qui ont acquis au fil de l'histoire une certaine notoriété. Comme la Fontaine des Quatre Dauphins (1646), Fontaine de la Rotonde (inaugurée en 1860), Fontaine Pascal (inaugurée en 1922), ou la Fontaine Moussue (construite en 1666) sur le cours Mirabeau qui porte bien son nom. Puisqu'elle a su, au cours des siècles, revêtir un véritable manteau de mousse.

Il y a néanmoins une tradition culinaire incontournable dans cette belle station thermale, une petite douceur à la pâte d'amande de forme géométrique, appelée calisson : une des fiertés aixoises. D'un point de vue historique, son origine remonterait à l'Antiquité (6ème siècle). Les Perses, friands de pâte d'amande, seraient à l'origine de ce petit canapé en forme de losange. Et si le cœur vous en dit, vous aurez la possibilité de visiter son musée, à la sortie de la ville, sur la route d'Avignon.

Vous l'aurez compris, Aix-en-Provence est une commune pleine de surprises et de découvertes. Et une journée ne suffira certainement pas pour tout admirer. Mais le cœur des aixois et ses infrastructures sont suffisamment généreux pour vous y recevoir plusieurs jours.

Isle-sur-la-Sorgue...

Comment ne pas aller dans le Vaucluse sans visiter L'Isle-sur-la-Sorgue (ou Isle s/Sorgue) ? Réputée pour la qualité et la diversité de ses brocanteurs et antiquaires , elle est célèbre à travers le monde. Si bien que des Japonais, des Anglais, des Russes ou même des Américains fortunés (pour ne citer qu'eux), viennent toute l'année y dénicher la perle rare pour aménager leurs luxueuses résidences principales ... ou secondaires. N'oublions pas que nous sommes à la limite du Lubéron, réputé pour ses magnifiques propriétés !

Superficie : 45 km²   Population : 19 480 (2015)

Petite parenthèse, si comme moi vous vous demandez quelle est la différence entre un brocanteur et un antiquaire, sachez que le premier vend ses articles dans l'état sans garantie aucune ; contrairement à l'antiquaire qui réalise au préalable une expertise et fournit un certificat d'authenticité.

Mais il faut savoir qu'Isle-sur-la-Sorgue n'a pas toujours été cette belle commune d'aujourd'hui. Son histoire le prouve !

En effet, on dit qu'au Moyen Âge, les premiers habitants étaient des pêcheurs, vivant dans des zones marécageuses. Leurs maisons étaient construites sur pilotis, car les inondations n'étaient pas rares. Au début des années deux mille, des fouilles archéologiques ont même révélé l'existence d'un village néolithique au nord de la ville, datant de 4000 avant J.C.

Cependant, il faudra attendre le 19ème siècle pour qu'elle connaisse un bouleversement politique, économique, culturel et social. Et aujourd'hui, si sa réputation demeure inchangée, c'est grâce à la qualité et la diversité de ses boutiques qui ornent fièrement la ville, ainsi qu'à ses activités. Et croyez-moi ou pas, la multiplicité des magasins est souvent fatale à ma carte bleue. Car je dois souvent me faire violence pour résister à la tentation mercantile.

Et s'il y a une activité qui demeure ancrée dans son patrimoine culturel, c'est bien son marché dominical. Il compte parmi les plus beaux du Vaucluse. Une véritable institution qui remonterait, selon les archives, au XIIe siècle (réglementée au XVIe siècle). Ce rendez-vous hebdomadaire a su garder tout au long de son histoire une légitimité et un esprit haut en couleur ; ce grâce à la disparité de ses stands installés sur les quais et dans son centre-ville.

Pour ma part, j'ai eu la chance de me rendre deux fois dans cette belle commune vauclusienne. La première fois c'était en hiver. Là petit conseil : s'il a neigé sur le Mont Ventoux, que nôtre cher mistral est de la partie, surtout couvrez-vous bien! Sinon votre journée risque d'être gâchée par les températures ressenties....... La deuxième fois, c'était en été. Je dois reconnaître que c'est quand même plus agréable, surtout pour le méditerranéen d'adoption que je suis.

Généralement, j'essaie de me garer le long de la Sorgue afin de commencer ma journée en longeant la rivière. C'est tellement apaisant d'entendre l'eau glisser au rythme de vos pas. Et si vous tendez ne serait-ce qu'un peu l'oreille, vous vous apercevrez qu'à certains endroits le débit de l'eau semble ralentir. C'est un peu comme si la Sorgue se faisait plus discrète, en chuchotant presque devant certaines bâtisses.

Même si en pleine saison il est parfois un peu compliqué de trouver une table parmi les nombreux restaurants qui s'offrent à vous, faites preuve de détermination ! Vous ne serez pas déçus ! Car c'est un véritable bonheur de pouvoir se poser au bord de la Sorgue et apprécier un repas aux senteurs et aux saveurs méditerranéennes. Vous pourrez ainsi écouter entre chaque plat le clapotis de l'eau. Ou bien donner un morceau de pain aux col-vert peu farouches qui tentent de remonter le courant, à la force de leurs petites pattes palmées.

Pour celles et ceux qui aiment les édifices religieux, ne quittez pas L'Isle-sur-la Sorgue sans visiter la collégiale Notre Dame des Anges. Cette église baroque du XVIIe siècle est un véritable concentré d'ornements religieux. Certains la comparent même à une église romaine. Rien que ça ! Ses deux orgues, la luminosité de ses vitraux, ses sculptures, ses gargouilles et ses peintures vous laisseront pantois. Et pour les amateurs d'Art, vous aurez même la possibilité de visiter la Fondation Villa Datris : musée mettant en avant la sculpture contemporaine.

Personnellement, je suis plus attiré par les vieilles choses .... N'y voyez là aucune connotation péjorative ! En effet, j'aime chiner les vieux objets. Je m'imagine en les touchant ce qu'ils ont pu voir, entendre ou traverser comme époque. Ne dit-on pas : «Si cet objet pouvait parler !». Certains parviennent même à me faire remonter le temps, me remémorent une période de ma vie, de mon enfance. Ou tout simplement une personne qui était chère à mon cœur. Mais cependant je dois faire preuve d'objectivité. En effet, lorsque vos yeux glisseront précautionneusement sur les prix, le retour à la réalité pourra s'avérer être un peu brutal !

Vous l'aurez compris, peu importe la saison ou la fréquentation, Isle s/Sorgue reste et restera un lieu paisible, plein de surprises et de véracité. Et pas besoin d'un antiquaire pour délivrer un «certificat d'authenticité» ....

Fort de Buoux...

Si vous êtes un amoureux des vestiges de forteresses, je vous invite à visiter le Fort de Buoux.

En plein cœur du massif du Lubéron (Vaucluse), vous découvrirez les ruines d'un fort médiéval classé aux monuments historiques depuis 1986. Idéal pour une randonnée familiale, ou bien comme moi en mode solo avec sac à dos et appareil photo. Même si son accès s'avère être relativement facile, comptez malgré tout une petite heure pour y parvenir. Petit conseil, équipez-vous d'une bonne paire de chaussures de marche. Car vous constaterez rapidement que les chemins de pierres sont à l'image du fort : usés par des siècles d'existence et particulièrement glissants en fonction des caprices de la météo.

LE FORT DE BUOUX

Les archives de Buoux ont été presque toutes détruites par le maire de la commune en 1848 : « ces paperasses n'étant bonnes qu'à engendrer de la poussière » disait-il.

La forteresse de Buoux ayant joué un rôle important dans l'histoire de la ville d'Apt, l'essentiel des archives proviennent de cette commune. Celles ci ne débutent, pour le fort, qu'avec le XVIe siècle. Pour les périodes précédentes et les origines du fort, les seules indications viennent des fouilles et des interprétations des historiens qui ne sont pas toujours d'accord entre eux. Cela vous autorise donc à laisser libre cours à votre imagination et celle de vos enfants.

L'équipe de la mairie de Buoux vous souhaite une agréable visite et le gardien du fort se tient à votre disposition pour toute information.

ORIGINE ET HISTOIRE DU FORT

L'abbé Gay, curé de Buoux de 1.859 à 1.878 et nous dit, sans preuves :
« les romains possédaient la ville d'Apt et le fort de 123 av.Jésus Christ à 476 de notre aire. Le fort fut détruit en 731 par les Sarrasins puis reconstruit au IXe siècle par Theubert, gouverneur d'Apt ».

Pour Fernand Sauve les pointes de flèches néolithiques, les éclats de silex et les haches de pierre trouvés au cours des fouilles témoignent d'une occupation bien plus ancienne, mais comme pour le bon abbé la présence d'une occupation Romaine, selon lui, est indéniable.

En 1.975 Jean-Barruol justifiait l'occupation du fort à l'âge de bronze d'après les analyses faite par Mr. Courtin.

Aujourd'hui le chercheur Yann Codou confirme que le plateau du fort a connu une occupation importante dès l'âge de bronze et reste occupé pendant la période gallo-romaine.

Christian Markiéwitz, l'actuel archéologue du fort date les bâtiments visibles qui sont parvenus jusqu'à nous sur une période s'étalant du XIe au XVIIe siècle.

Au XVIIe siècle le fort ayant été pris deux fois par les protestants et n'ayant plus d'intérêt militaire, Louis XIV aurait ordonné sa destruction, le fort a ensuite servi de carrière aux habitants qui s'installaient dans le vallon et sur tout le territoire de Buoux.

C'est donc par une belle journée d'octobre que j'ai décidé de visiter le Fort qui précisons-le se trouve à l'extérieur de la commune de Buoux. Une fois franchi le portail qui donne l'impression que l'on arrive dans une propriété du 18ème siècle, vous serez vite plongé dans une atmosphère particulière. Je ne sais pas si vous êtes comme moi, mais lorsque je visite des vieilles pierres, j'ai l'impression de faire un saut dans le temps. C'est un peu comme si elles me racontaient une histoire. D'autant que le passage de l'été à l'automne accentue souvent ce phénomène en livrant ses couleurs à la fois chatoyantes et chaudes. Surtout lorsque le soleil n'a pas encore eu le temps de sécher la rosée et que les feuilles brillent encore sous ses rayons.

Les jours et les heures d'ouvertures étant réglementés, vous trouverez aux pieds du Fort la maison du gardien. Ainsi vous pourrez obtenir de plus amples renseignements sur le règlement intérieur et l'historique de la forteresse.

Comme on dit souvent «on n'a rien sans rien». Par conséquent pour franchir l'entrée du Fort, il vous faudra grimper un escalier creusé à même la falaise. Aujourd'hui encore, ce dernier demeure une énigme pour les historiens. Mais même si vous devez rester prudent lors de votre ascension, essayez d'apprécier la beauté du paysage qui s'offrira à vous. Prenez quelques instants pour respirer ce mélange de senteurs provençales, tels que le thym, le genièvre, le romarin et tant d'autres que je vous laisserai le soin de découvrir.

Puis après avoir marché pendant environ quarante minutes, vous verrez enfin apparaître face à vous le porche du Fort de Buoux. Pour être honnête, je m'attendais à quelque chose d'un peu plus impressionnant et grandiose. Mais j'ai vite été rattrapé par la majestuosité des vestiges, à l'intérieur des remparts.

Sur un plan historique, le Fort a été habité et fortifié de la Protohistoire jusqu'au XVII° siècle. Ainsi chaque époque a permis de contribuer à son évolution et son édification. Raison pour laquelle lorsque vous explorerez le site, vous serez surpris de constater la grande disparité de ses vestiges. Vous trouverez entre autres des tombes paléochrétiennes, des habitats troglodytes, des silos taillés dans la roche, une forteresse médiévale, et même les ruines d'une église du XIII° siècle. Et pour clôturer le tout, des remparts qui aujourd'hui protègent ce magnifique concentré d'histoire.

Quand je vois toutes ces prouesses architecturales, je me demande comment l'homme a-t-il fait pour construire de tels édifices. Surtout quand on connaît les moyens techniques de l'époque....

Mais si vous voulez encore plus apprécier le paysage, montez au point culminant du Fort. Et là, il vous sera impossible de rester de marbre face à ce sublime panorama.

Et si vous souhaitez que ces instants de bonheur perdurent, faites comme moi ! Asseyez-vous sur une pierre plate... et lâchez prise. Observez... Ecoutez... Sentez... ce que la magie de la nature peut mettre à votre disposition.

Lourmarin...

Puis sur le chemin du retour, après une dizaine de kilomètres sinueux et étroits, je me suis arrêté à Lourmarin. On dit que cette commune fait partie des plus beaux villages de France...

Ce qui m'a le plus frappé en arrivant sur les lieux, ce fut sa forteresse du XII° siècle qui vient s'imposer à vous tel un chevalier défendant son village. Toutefois, il faut préciser qu'elle a été reconstruite au XV° siècle par Foulques d'Agoult sur les restes de l'ancienne. Et c'est précisément à cette période que Lourmarin connaîtra une forte augmentation démographique. Et ce en raison de l'exode des diocèses alpins.

Superficie : 20 km²   Population : 1145 (2014)

Proposant toute l'année des festivals, des expositions en tout genre ou des marchés à thèmes, le tourisme s'avère être l'activité principale de cette belle commune du Lubéron. Et, outre la richesse de son patrimoine architectural et artisanal, Lourmarin est reconnue pour son agriculture, ses vins AOC d'excellente qualité, ainsi qu'une grande variété de culture maraîchère. Des produits que vous pourrez bien évidemment retrouver dans les boutiques du centre, ou déguster dans un de ses nombreux restaurants.

Le jour où je m'y suis rendu, j'ai eu la chance de trouver des antiquaires qui exposaient leurs «trésors» sur la place du village. Et en déambulant dans les allées, j'ai pu y dénicher une tête de Bouddha en pierre de lave. La rareté faisant le prix, je vous laisse maître d'interpréter ma pensée.

Puis, c'est avec plaisir que j'ai pu apprécier l'exposition d'un peintre provençal dans une des salles du château. Lorsque vous regarderez ce dernier d'un point de vue architectural, vous vous apercevrez que les différentes ailes ont été construites sur plusieurs siècles. Ce qui crée par redondance une harmonie de style. Et je vous invite à visiter, entre autres, cette petite cour intérieure où les étages et paliers en bois créent une colonne des plus atypiques.

Puis après avoir pris quelques photos de cette prouesse technique, je suis allé admirer le bassin qui se trouve dans la cour principale de la forteresse. Il vous sera difficile de rester insensible à la beauté de ces plantes aquatiques qui sont aussi diverses et variées, tant par leurs formes que par leurs couleurs. Et si vous voulez approfondir vos connaissances sur le site, vous aurez même la possibilité de réserver une visite guidée. Perso, je n'ai jamais été fan des files indiennes où chacun y va de son commentaire «rempli» de pertinence. Quelques fois, je me demande si je ne suis pas un peu sauvage....... Mais bon, ceci est un autre sujet !

Puis après avoir découvert ce bel édifice, direction le centre-ville. La première chose qui m'a frappé, ce fut sa propreté. Ses rues pavées, ses façades, ses fontaines sont si nettes que l'on croirait pénétrer dans des studios de cinéma. Les maisons sont joliment fleuries et arborées. Quant aux commerçants, on ressent clairement le plaisir qu'ils prennent à décorer et à personnaliser leurs vitrines. Si bien que certaines ressemblent à de véritables tableaux tout droit sortis d'un magazine de Déco. Le mobilier des restaurant est si chic et raffiné qu'on le déguste avec les yeux. Rien n'est laissé au hasard.

Mais au risque de vous choquer, cet aspect toujours «nickel» n'est pas le type d'esthétique que j'affectionne le plus. Personnellement je préfère visiter des villages où les rues, les façades, les monuments sont certes entretenus, mais restent malgré tout dans leur «jus», comme on dit. J'aime l'authenticité. Peut-être suis-je devenu avec l'âge un peu trop puriste. Mais lorsque je touche un monument, ou simplement de vieilles pierres, j'aime imaginer qu'il ou elles me racontent leur histoire.

Mais tout ceci n'engage que moi ! Bien entendu ! Car si Lourmarin a été élu comme étant un des plus beaux villages de France, ce n'est pas pour rien...

Moustiers Sainte-Marie...

Chez nous, lorsque l'on parle de faïence, on pense immédiatement à Moustiers- Ste-Marie. Aux frontières des gorges du Verdon, cette belle commune des Alpes de Haute Provence est souvent comparée à une crèche, avec son étoile suspendue entre les deux montagnes. Construite à flanc de falaise, elle demeure depuis le XVII° siècle la capitale de la faïence.

Superficie : 88 km²   Population : 686 (2014)

Il y a des villages que l'on ne se lasse pas de voir et de revoir. C'est un peu comme si chaque visite apportait son nouveau lot de découvertes. Et celui-ci en fait partie ! Cependant, afin d'apprécier encore plus le panorama qui s'offrira à vous, je vous invite à vous garer dans la partie basse du village. Vous aurez ainsi le privilège d'admirer ces maisons construites à même les restanques ; sublimées par les oliviers qui grâce à leurs nuances de vert, viennent illuminer les façades vieillies par des siècles d'existence.

D'un point de vue historique, ce sont des moines venus de l'île de Lérins (Alpes Maritimes) en 433 qui ont fondé le monastère de Beauvoir . Ce dernier, fut édifié sur les hauteurs de Moustiers . Son ascendance, tant sur le plan géographique que moral (je parle bien entendu de l'époque où l'église jouait un rôle très important dans la vie des villageois), fait penser à un berger qui veillerait sur son troupeau.

Même si l'édifice ne présente pas, selon moi, un intérêt particulier, je vous conseille malgré tout de prendre le temps de vous y rendre. Vous pourrez découvrir un style allant de la renaissance, au gothique en passant par une nef romane. En revanche, des chaussures appropriées sont fortement recommandées.

Car même si la montée de quinze minutes demeure facile, le chemin pavé s'avère être quant à lui particulièrement glissant, et ce toutes saisons confondues. C'est probablement la raison pour laquelle, nos aïeux avaient installé des gardes corps tout au long de la montée .

Mais même si l'aboutissement de l'ascension n'a rien de spectaculaire, c'est son panorama qui m'a le plus interpellé. Et si comme moi, le ciel vous est favorable, c'est une vue à 180° qui viendra ravir votre curiosité. Cette vision du lac, cette vallée à perte de vue et cette végétation verdoyante sont tout simplement magiques .

Et en y regardant de plus près, je me dis qu'aujourd'hui il est rare de pouvoir admirer un tel paysage, sans infrastructures modernes qui viennent altérer la beauté naturelle du site. Reste à savoir jusqu'à quand !

Cependant, même si le monastère présente un intérêt historique par rapport à l'origine de la commune, c'est malgré tout la faïence qui l'a fait connaître. Et ce grâce à la finesse de son argile, la qualité de son eau et de son bois. Si bien qu'en 1929, Moustiers a ouvert son musée de la Faïence, où sont exposées dans pas moins de cinq salles les plus belles pièces du XVII° siècle à aujourd'hui.

Je ne sais pas vous, mais personnellement lorsque je visite un village, j'apprécie de me poser dans un petit restaurant afin de faire honneur à une cuisine régionale . Ainsi je peux observer les gens, admirer le paysage et les façades. J'imagine toutes ces merveilles qui prennent le temps de me susurrer à l'oreille leur histoire.

Et à Moustiers, ce ne sont pas les restaurants qui manquent . C'est un peu comme les magasins de faïence qui mettent à l'honneur leur artisanat local, en vous proposant des souvenirs accessibles à toutes les bourses. Qui n'a pas vu, au moins une fois dans sa vie, un Moustiers chez quelqu'un ? Car il faut savoir que ces créations artisanales s'exportent dans le monde entier. Encore plus aujourd'hui avec l'avènement d'Internet !

Alors prenez le temps de déambuler dans les rues de cette belle commune provençale. Vous pourrez ainsi y admirer ses rues pavées, ses fontaines , ses chutes d'eau , sa petite église et ses vitrines de souvenirs en tout genre .

Car même si la faïence de Moustiers est souvent imitée......elle est rarement égalée ! Et, comme je le dis souvent, «rien ne vaut l'authenticité» !

Forêt de Saint-Pons...

Si vous êtes comme moi et que vous appréciez tout particulièrement les balades en forêt, je vous recommande vivement celle de St-Pons. Installée confortablement sur la commune de Gémenos, elle est surtout appréciée par les aficionados de la randonnée pédestre. Si j'insiste sur ce point, c'est parce que les vélos sont interdits sur le site, tout comme nos amis à quatre pattes, de surcroît. Ce que je trouve quelque peu paradoxal, du fait que les chiens peuvent être parfois plus propres que certaines personnes irrespectueuses....... Mais bon !

Superficie : 752 hectares dont 52 aménagés

Ce parc naturel, créé par le marquis d'Albertas à la fin du XVIII°
dans la seigneurie de Gémenos, a la particularité de se situer dans
un vallon protégé des vents. Et c'est grâce à son ruisseau,
(provenant de la source de St-Pons) et à son microclimat qu'il a pu
se doter, au fil des siècles, d'une végétation luxuriante.

Autrefois, c'est la chapelle St-Martin qui accueillait les paroissiens
de Gémenos. Mais, même si aujourd'hui elle demeure fermée, vous
aurez toujours la possibilité d'y admirer ses extérieurs à l'entrée du
domaine.

Je me souviens que la première fois où je me rendis sur les lieux, je
fus comme happé par le moulin de St-Pons. Je me suis dit : «
Comment l'homme et la nature ont-ils fait pour s'unir et réaliser de
telles prouesses?» Cette chute d'eau prenant dans ses bras ce
rocher , lui-même drapé d'une mousse qui ne cesse de s'étendre au
fil des ans. Sans oublier ces petites écluses au métal piqué par la
rouille et vieilli par le temps, refrénant le débit de l'eau afin que les
randonneurs puissent profiter plus longtemps de leur singularité .

Cependant, l'incontournable édifice du domaine de St-Pons s'avère être son monastère. Ce dernier, ayant été élevé au rang d'abbaye en 1223, grâce à une communauté religieuse de femmes, fut abandonné en 1407 . L'abbaye appartient désormais au conseil régional qui a généreusement contribué à sa restauration intégrale. Et même si aujourd'hui c'est un peu compliqué pour la visiter, prenez malgré tout le temps de vous asseoir dans le pré, afin d'y admirer la beauté de sa structure, la finesse de ses sculptures, de ses boiseries et de ses gargouilles qui veillent sur elle depuis si longtemps.

Et généralement, c'est encore sous le charme de ces exhibitions architecturales que je commence l'ascension d'un domaine forestier parfaitement balisé.

Ce qu'il y a d'appréciable dans cette forêt, c'est le fait que l'on puisse adapter son parcours en fonction de son âge et de sa condition physique. Et cerise sur le gâteau, il n'est pas rare de croiser, au détour d'un chemin, un cheval et son cavalier.

Il y a un autre avantage à St-Pons, c'est de pouvoir s'y promener toute l'année. Car ses sentiers permettent de marcher aussi bien à l'ombre qu'au soleil, selon l'heure et la saison . Donc raison de plus pour partir à la découverte de ces chemins entrelacés qui vous conduiront inévitablement à un lieu atypique. Comme un point culminant qui vous offrira une vue à 360°, ou bien La Glacière, ou beaucoup plus accessible : sa belle cascade du Gour de l'Oule.

Mais un lieu commun réuni tous ces points d'intérêts, c'est la diversité et la qualité de sa flore . Car tout au long de votre promenade, vous serez comme immergé dans une végétation typiquement provençale et protégé par des arbres majestueux que l'homme a su respecter.

Et même si quelques fois le «volume» un peu élevé de certains randonneurs vient perturber le chant des oiseaux, ou la sérénité d'un petit animal, imprégniez-vous de cette «devanture» mise gracieusement à votre disposition. Ressourcez-vous, lâchez-prise et profitez de l'instant présent !

Avignon...

Avignon est ce que l'on appelle un incontournable de la région vauclusienne. Difficile de ne pas tomber sous le charme de ses remparts médiévaux, de son palais à l'architecture gothique et de son célèbre pont qui a donné naissance à une contine que tout le monde a chanté aux moins une fois dans sa vie....

D'un point de vue historique, Avignon était au XIV° siècle le siège de la papauté, en concurrence direct avec le Vatican. Et si aujourd'hui nous l'appelons encore la Cité des Papes, c'est parce qu'ils y vécurent de 1309 à 1423.

Superficie 65 km²   Population : 92130

J'ai pour habitude de me garer à l'extérieur des remparts afin d'admirer son pont qui autrefois permettait de faire communiquer les deux côtés du Rhône. Je m'imagine les villageois le franchissant avec leurs chariots remplis de marchandises, tirés par des chevaux affaiblis afin de vendre ou de troquer leurs maigres butins, dans les campagnes avoisinantes. Mais, même si aujourd'hui, il ne reste que la moitié de l'édifice, il demeure toujours ouvert au public pour quelques euros. Donnant ainsi aux plus curieux, la possibilité de contempler un remarquable panorama ainsi que cette cuirasse de pierre qui a su protéger, durant des siècles, le palais et ses habitants.

Puis après avoir rêvassé pendant quelques minutes, c'est en zigzaguant dans les rues étroites et pavées de la fortification que je rejoins la place de l'Horloge. J'aime ce lieu... Il s'y dégage une atmosphère particulière. Peut-être est-ce dû à l'architecture imposante de son hôtel de ville et de son carrousel haut en couleur qui lui fait face ; ou bien à l'imposante stature de son opéra.... Je ne sais pas !

Mais pour apprécier encore plus la singularité du lieu, installez-vous à une des nombreuses terrasses. Une fois attablé, prenez le temps d'observer également la décoration des restaurants. Vous remarquerez qu'ils ont tous des affiches d'artistes, de spectacles. Car le Palais des Papes n'est pas la principale attraction de la ville.

Je veux bien sûr parler de son célèbre festival qui a lieu tous les ans. Beaucoup d'artistes, célèbres ou en devenir, s'y sont produits. Petit conseil : si vous souhaitez prendre une chambre d'hôtel durant cette période, anticipez vos réservations. Car ces dernières sont souvent prises d'assaut par les aficionados et les touristes. Et je serais mauvaise langue en disant que ce n'est pas une coïncidence si les tarifs augmentent pendant les festivités.

Pour la petite histoire, il fut fondé en 1947 par Jean Vilar. Mais il a fallu attendre 1963, pour que son fondateur accepte de partager son patronage et son orientation artistique.

Mais la principale «attraction» avignonnaise demeure malgré tout la Cité des Papes; construite en moins de vingt ans (1335-1352) grâce à Benoît XII pour le Palais Pontifical (appelé vieux palais) et Clément VI pour ses extensions (palais neuf). Et même, si dans le passé, Avignon était déjà une ville importante, la construction du Palais a fortement contribué à son expansion démographique et économique.

Si vous souhaitez «explorer» les dédales de l'édifice , trois possibilités s'offriront à vous. Soit en visite classique, soit avec un guide qui vous expliquera les subtilités de ce joyau ; ou bien alors avec une tablette numérique qui vous sera remise à l'accueil. Quelle que soit l'option que vous choisirez, vous serez, j'en suis certain, émerveillé par la délicatesse de l'architecture et la grandeur des lieux .

Cependant, si on regarde d'un peu plus près le gigantisme des sites que l'on bâtissait autrefois, on réalise à quel point l'Eglise était puissante ; tant sur le plan financier que politique. Sans oublier l'emprise qu'elle avait sur le peuple .

Aujourd'hui, même si sa supériorité s'avère caduque dans les pays dits «modernes», il nous reste son héritage architectural qui n'est pas près de s'éteindre . Je ne pense pas que l'on puisse en dire autant des constructions contemporaines.

La Barben...

Dans la région, lorsqu'on évoque la commune de La Barben, on pense immédiatement à son parc animalier.

Mais il faut savoir que ce célèbre zoo implanté en plein milieu des Bouches-du-Rhône, doit partager sa notoriété et ses hectares avec son château . Ou devrais-je plutôt dire sa forteresse du XIème siècle, habité par le roi René au XVème siècle. Si vous prenez le temps de le visiter, vous pourrez admirer son magnifique jardin à la française dessiné par Le Nôtre , créateur notamment des jardins du château de Versailles .... Selon la période de l'année, vous pourrez même visiter l'intérieur avec ses pièces toujours meublées et voir ainsi à quel point cet édifice est admirablement conservé et entretenu depuis tant de siècles.

Superficie : 2000 hectares   Population : 823

Pour être tout à fait transparent avec vous, j'essaie de proposer dans ce guide touristique, des visites aussi diverses que variées. Des vieux villages, des balades en forêt, des vestiges de forteresses, ou des sorties en famille dans un parc animalier tel que celui-ci qui de surcroît est ouvert toute l'année. Il y a un peu plus d'une dizaine d'années, je m'étais rendu en famille au zoo de la Barben. Lorsque j'ai décidé d'y retourner, je l'ai fait avec une certaine réticence.

Je m'explique. J'adore les animaux toutes espèces confondues. Par conséquent, j'ai beaucoup de mal à les voir enfermés dans des espaces plus ou moins réduits. Mais comme on dit : « *Il n'y a que les imbéciles qui ne changent pas d'avis !* »

Revenons tout d'abord à l'origine du plus grand parc animalier de la région. Il fut fondé en 1971 par un ingénieur agricole passionné d'animaux du nom d'André Pons.

Ce n'est que 17 ans plus tard qu'il a, pour des raisons personnelles, cédé la gestion du site à la SARL Parc Zoologique. L'objectif premier de ses repreneurs fut de favoriser la conservation d'espèces et d'éduquer les visiteurs avec des panneaux explicatifs.

Aujourd'hui, le zoo compte environ 700 animaux avec plus de 120 espèces différentes, terrestres et aquatiques . Petite précision qui n'est pas des moindres, leur bien-être dépend uniquement du prix des entrées, des buvettes/snacks répartis sur le parc et de sa jolie boutique souvenirs . Car, d'après un employé, le parc animalier ne bénéficierait d'aucune subvention. Donc, même si vous trouvez certains tarifs un peu excessifs, dites-vous que vous faites une bonne action !

Lorsque que j'ai franchi le portique du parc pour commencer la visite, une chose m'a immédiatement frappé en observant les animaux. On sent tout de suite qu'ils sont très bien soignés. Ils sont sereins. Les félins ne montrent aucune agressivité derrière leurs vitres . Les primates jouent sous les yeux attendris des visiteurs . Les hippopotames dorment tranquillement dans leurs espaces . Les rhinocéros partagent tranquillement leur repas . Il en est de même pour toutes les espèces. Ainsi, on peut prendre le temps de les regarder et de les photographier en toute quiétude .

Mais je pense qu'il y a un rapport de causalité dans toute cette positivité. En effet, vous constaterez que les animaux évoluent dans des espaces spacieux, avec des infrastructures faites dans des matériaux de qualité et écoresponsables. Car la direction met un point d'honneur à être respectueuse de l'environnement.

Pour la pause repas, vous pourrez choisir de pique-niquer sous un arbre ou au soleil, sur une des nombreuses installations mises à votre disposition. Et si vous êtes plutôt plateau repas, optez pour une des buvettes/snacks . Certes le budget ne sera pas le même et rien de gastro dans cette option, mais encore une fois «c'est pour la bonne cause».

Bref vous l'aurez compris, j'ai pris beaucoup de plaisir à réitérer ma visite au zoo de La Barben. Et que l'on soit petit ou grand, en famille, en couple ou même seul, il vous sera difficile de ne pas tomber sous le charme de toutes ces merveilles à poils, à plumes ou à écailles.

Je tiens à gratifier toutes les personnes qui soignent, gèrent et entretiennent les animaux et ce magnifique parc animalier. Car au quotidien, cela ne doit pas être simple ! Une baisse de fréquentation, des conditions météorologiques compliquées... ou une pandémie, peut très rapidement tout remettre en question....

Ansouis...

En arrivant à Ansouis, la première idée qui m'est venue à l'esprit fut celle de Dame Nature en train de poser cette «crèche provençale», sur un immense rocher aux pieds du Lubéron.

Mais il faut savoir qu'à l'origine, cette belle commune n'était pas destinée à des fins touristiques, bien au contraire... Son histoire commence au X ème siècle. La construction de cette forteresse militaire avait pour but de protéger la vallée d'Aigues des envahisseurs. A l'époque, seulement quelques constructions lui tenaient compagnie.

Superficie : 18 km²   Population : 1051 (2015)

Il a fallu attendre le XVI ème siècle et la fin des guerres de religions pour que l'édifice soit transformé en habitation. Puis encore un siècle que la famille Escalis construise des dépendances avec des jardins.

Il deviendra par la suite le symbole de l'art de vivre de l'aristocratie au Siècle des Lumières. Petite recommandation, si vous souhaitez visiter l'intérieur du château ainsi que ses jardins, renseignez-vous au préalable sur les jours et heures d'ouverture.

Lorsque je découvre ou redécouvre un village, il y a toujours quelque chose qui attire mon regard. Concernant Ansouis, ce qui m'a le plus frappé, ce furent les façades . Elles sont d'une extraordinaire singularité. Toutes les habitations d'époque ont des encadrements sculptés et façonnés dans d'épais blocs de pierre. Et les siècles, mêlés aux intempéries n'ont fait qu'affiner leur délicatesse et accentuer leur authenticité . Ce n'est pas pour rien que cette commune est classée parmi «les plus beaux villages de France» depuis juin 1999 .

Aujourd'hui, ce joli petit village a su développer son tourisme et son agriculture grâce à ses exploitations vinicoles et oléicoles. Des produits locaux que vous aurez, bien entendu, le plaisir de retrouver dans les boutiques d'Ansouis. Sans oublier ses maisons d'hôtes qui vous accueilleront avec simplicité et professionnalisme, au sein de magnifiques demeures.

Je ne sais pas vous, mais personnellement je suis plus gourmet que gourmand. Par conséquent, lorsque je visite un village, je ne peux résister à une table aux couleurs et aux saveurs provençales. J'aime rendre hommage à tout l'amour qu'un chef peut mettre dans ses créations culinaires. Si je devais vous conseiller un établissement, ce serait «Le Grain de Sel» . J'ai découvert un lieu plein de sincérité, tant sur le plan humain que gustatif, avec en plus une addition très raisonnable. Cette dernière incluant de surcroît le privilège de pouvoir déjeuner face à un panorama que beaucoup nous envieraient .

Si vous devez passer une ou plusieurs nuits à Ansouis, sachez qu'hormis la découverte de cette magnifique région, Ansouis a de nombreuses activités à vous proposer. Parmi les «incontournables» vous aurez le musée des Arts et Métiers du vin, le musée Extraordinaire, l'église St-Martin datant approximativement du XII° siècle (on manque d'écrits sur son histoire) . Pour les plus romantiques, son balcon qui vous ouvrira l'horizon sur la vallée du Lubéron . Et pour les amoureux des miniatures, je vous invite à découvrir l'atelier du santonnier, élu meilleur ouvrier de France en 2004.

Vous l'aurez compris, la taille d'une commune n'est pas proportionnelle aux plaisirs et aux découvertes qu'elle peut engendrer .

Barjols...

Très souvent, j'ai eu l'occasion de traverser la commune de Barjols, sans jamais prendre le temps de m'y arrêter. Barjols, signifiant «jolies collines» en provençal, est un véritable concentré de vestiges, de culture et de sites qui ont, au fil des siècles, permis de construire son histoire.

Ses origines commencent au XII ème siècle. Grâce à l'omniprésence de l'eau, due aux nombreuses sources qui la traversent, Barjols va rapidement développer ses activités et son économie autour de ce précieux élément. Mais ce sont ses tanneries qui feront sa réputation. La première vit le jour en 1601 grâce à Jean-Baptiste Vaillant et aux avantages fiscaux accordés par Henri IV. En 1782 on n'en comptait pas moins de 24. Au début du XX ème siècle, les ouvriers quant à eux traitaient principalement des peaux en provenance d'Afrique, d'Asie et d'Amérique du Sud.

Superficie : 30 km²   Population : 3051 (2015)

Les tanneries de Barjols connaîtront leur apogée dans les années 50. Mais la découverte du tannage au chrome et la concurrence de plus en plus présente provoqueront leur déclin. S'en suivront une succession de dépôts de bilan, puis la fermeture définitive de la dernière usine en 1983. Toutefois, lorsque vous vous promenez dans la ville, vous pouvez encore visiter les anciens locaux réhabilités en ateliers et galeries en tout genre.

Une autre particularité a fait la réputation de ce village : ses 24 fontaines et lavoirs. Et le fait qu'ils aient été construits sur plusieurs époques, a permis de leur offrir une certaine singularité. Ces édifices sont non seulement tous plus beaux les uns que les autres, mais ont aussi facilité le quotidien des villageois.

Généralement, j'essaie de vous recommander une table agréable pour vous restaurer. Mais cette fois-ci je m'abstiendrai.... Car ce jour-là je dois reconnaître que je n'ai pas très été chanceux...

Ce petit point négatif n'ayant nullement altéré mon désir d'en connaître plus sur cette belle commune, je me suis ensuite rendu jusqu'à la célèbre cascade et son couvent des Carmes qui la surplombe.

Que l'on soit Barjolais ou touriste, difficile ne pas succomber au charme de ce petit coin de paradis. Cette cascade aux couleurs chatoyantes, haute de plusieurs dizaines de mètres avec les rayons du soleil qui la caressent avant de se jeter dans cette retenue d'eau en «bancau» (dénivelé en provençal), est juste sublime. D'après les dires, ce lieu de détente serait très apprécié par les promeneurs qui cherchent un point d'eau pour se rafraîchir, mais également par les amoureux ... Les inscriptions gravées sur les troncs d'arbres et les pierres depuis plusieurs décennies l'attestent !

Puis, une fois pris le temps d'admirer ou de «recouler» devant ce lieu magique offert par Dame Nature, je vous invite à rejoindre le couvent des Carmes. Cependant je dois vous prévenir que les escaliers qui permettent d'y accéder sont plutôt abrupts, mais malgré tout très bien agencés.

Sur un plan historique, les «frères Carmes», constitués de laïques, de pèlerins et de croisés, fatigués des guerres de religions, virent le jour au XII ème siècle. Ils créèrent le couvent dans des grottes troglodytes en 1670, pour finalement le céder à l'industrialisation un siècle plus tard. A l'intérieur, vous pourrez encore voir des canalisations datant de cette époque, se mélangeant aux «stigmates» de son hôtel, puis visiter les galeries souterraines. Tous ces vestiges sont ouverts au public la journée.

En résumé, Barjols est une commune de l'arrière-pays varois qui a su se développer en toute discrétion. Elle est parvenue à offrir, durant ces siècles d'existence, un patrimoine historique, géologique et culturel qui a ravi et ravira encore bien des générations.

Roussillon...

Parmi tous les villages du Lubéron, il y en a un qui reste incontournable : Roussillon. Installé aux pieds des plateaux des monts du Vaucluse et au cœur du plus important gisement ocrier au monde, cette commune doit sa réputation à ses falaises et à ses carrières d'ocre à ciel ouvert.

Superficie : 30 km²   Population : 1328

Lorsque je suis arrivé à Roussillon, la première image qui m'est venue à l'esprit fut celle d'un peintre posant sa toile, jouant avec les nuances de rouge, de jaune, de rose et de violet façonnant avec délicatesse chaque contour de ces maisons typiquement provençales .

C'est une des raisons pour lesquelles de nombreux artistes tels que Jean Cocteau, Carzou, Buffet ou Ambrogiani ont posé leurs effets personnels pour profiter de l'atypisme qui caractérise tant ce lieu . Mais ce n'est pas seulement la singularité du site qui a fait sa réputation. Comme je vous le disais précédemment, Roussillon doit son renom à la qualité de ses ocres. En effet, ses pigments sont utilisés, depuis des générations, par les artistes peintres et les maçons pour teinter les façades . Les carrières, quant à elles, exploitées depuis le XVII ^{ème} siècle, ont employé jusqu'à mille personnes, et ce jusqu'à la fin des années 30 .

Aujourd'hui, elles se visitent sur des chemins parfaitement aménagés et réglementés, afin de ne rien dégrader. Petite précision : il est formellement interdit de ramasser ce précieux «Saint-Graal», sous peine d'amende. Quand vous vous promènerez au milieu de cette entité aux couleurs vives, vous comprendrez très facilement pourquoi l'endroit doit être protégé . Les gisements d'ocre sont aussi resplendissants qu'éphémères. Voilà pourquoi il faut profiter de sa beauté et respecter cette roche féerique, pour que les générations futures puissent, elles aussi, découvrir «Le Chemin des Ocres».

Puis à l'heure du déjeuner, c'est avec tout leur professionnalisme et leur bonhomie que les patrons du restaurant «La Treille» m'ont accueilli . Quoi de plus agréable que de manger sous une tonnelle partagée entre soleil et ombre, entourée de façades à l'architecture et aux couleurs authentiques. Et quand la qualité du lieu précède un repas cuisiné avec des produits frais, aux saveurs provençales, que demander de plus ? Je ne sais pas vous, mais lorsque je suis attablé, j'aime écouter la diversité linguistique. Essayer de reconnaître d'où peuvent bien venir tels ou tels touristes! Voire discuter un peu avec eux. Je trouve ce genre d'échanges très enrichissant. Ce qui est un peu paradoxal, je l'avoue, avec mon caractère plutôt solitaire!

L'église de Roussillon fut construite en pierre de taille, en haut du village et à l'intérieur des remparts afin d'assurer sa protection, entre le XI° et XII° siècle. La façade telle que nous la connaissons aujourd'hui date du XVII ème siècle. Nous la devons au sculpteur roussillonnais Alexis Poitevin .

Le jour où vous irez dans ce beau village du Lubéron, faites comme moi, prenez le temps d'admirer les ruelles étroites , les façades colorées par cet ocre réputé à travers le monde. Empruntez ces escaliers, vieillis et usés par les caprices du temps, permettant de faire communiquer les rues en «bancau», tel que le ferait un fil d'Ariane.

Arrêtez-vous devant ces remparts qui auraient tant à nous raconter s'ils pouvaient parler. Toutes ces périodes de guerres, d'accalmies, de destructions et de reconstructions qu'ils ont connu et auxquels ils ont survécu.

Puis pour conclure ce beau périple, faites comme moi, asseyez-vous sur un banc et imprégnez-vous de cette belle vallée du Lubéron .

Souvent je m'interroge sur le fait que l'on a tendance à aller chercher à des milliers de kilomètres ce que l'on peut trouver non loin de chez nous. Sans jouer les chauvins, je me dis que je suis vraiment chanceux de vivre dans une région aussi magnifique...

Fontaine-de-Vaucluse...

La Fontaine-de-Vaucluse est restée, pendant de nombreuses décennies, un véritable mystère pour les géologues. Il a fallu attendre le XXème siècle pour que soient organisées des plongées.

Superficie : 7,1 km²   Population : 643 (2015)

Ainsi grâce à ces diverses expéditions, de nombreuses pièces de monnaie, d'une grande valeur, ont pu être remontées. Car durant l'Antiquité, la Fontaine était un lieu d'offrandes rituelles. Ces explorations ont également permis de découvrir que la source était l'unique point de sortie d'un bassin souterrain long de 1100 kms, regroupant différents sites géologiques avoisinant.

Mais l'histoire n'a pas remonté que des pièces de monnaie. La Fontaine-de-Vaucluse a su, au fil des siècles, entretenir des légendes de dragons et de nymphes, laissant entrevoir un peu plus de mystère en ce lieu déjà très singulier. Et développer par redondance une opportunité mercantile pour les boutiques de souvenirs...

D'un point de vue pratique, permettez-moi de vous prodiguer un petit conseil ! Si vous décidez de vous y rendre en pleine saison et le dimanche de surcroît, adoptez la «zen attitude» ... Pour vous garer, allez directement sur le grand parking prévu à cet effet à l'entrée de la commune.

Ces petits désagréments sont la contrepartie de cette notoriété que le site a su exploiter, de façon positive, depuis les années 80 . En effet, vous vous apercevrez rapidement que les administrés proposent à leurs visiteurs de nombreuses activités. Par exemple, vous aurez la possibilité de visiter «Le musée de l'Histoire Jean Garcin 39-45».

Vous découvrirez pour les plus jeunes, ou redécouvrirez pour les anciens, à quel point cette période de notre histoire fut compliquée, grâce à des reconstitutions des plus réalistes.

Pour les adeptes de la spéléologie, vous pourrez vous promener dans le dédale des galeries du «Musée du Monde Souterrain».

Puis en sortant, vous déambulerez le long des stands afin d'admirer la finesse de l'art du cristal, de l'artisanat provençal et pourquoi pas acheter quelques souvenirs.

Ce qui est agréable dans cette ville vauclusienne, c'est la possibilité de pouvoir déjeuner au bord de l'eau quasiment partout. Et ce grâce à un grand nombre de restaurants accessibles à tous les budgets. Mais pour les aficionados du pique-nique en famille ou en amoureux , je suis certain que vous trouverez un endroit agréable aménagé à cet effet. En ce qui nous concerne, nous avons porté notre dévolu sur «La Pointe Noire».

Un établissement repris et restauré, voilà quelques mois, par une équipe alliant un parfait dosage entre professionnalisme et sympathie. Quant à la qualité de leurs plats, elle est à l'image de leur «vitrine». Le tout servi sur une agréable terrasse avec le bruit de la rivière en fond.

C'est en début d'après-midi que nous sommes montés jusqu'à ce qui s'avère être l'attraction principale de ce lieu touristique. En toute honnêteté, je ne suis pas certain que nous ayons choisi le meilleur moment. C'est à croire qu'après le repas les visiteurs veulent se donner bonne conscience en brûlant leurs calories du déjeuner !

Ce qui m'a le plus frappé, lorsque nous sommes arrivés à la Fontaine, ce fut la clarté de cette eau presque turquoise où vient se refléter cette falaise blanche haute de plusieurs dizaines de mètres . On se sent tellement petit et vulnérable devant une telle merveille géologique. Il faut savoir cependant que son niveau et son débit varient en fonction des saisons... Ils sont inversement proportionnels à son taux de fréquentation. En haute saison, beaucoup de touristes pour une fontaine plutôt basse, et réciproquement !

Bref, si je devais résumer ce lieu en quelques mots, je dirais que cette commune offre un concentré d'activités sur une zone géographique tout autant concentrée . Mais vous l'aurez compris, en fonction de vos attentes, choisissez votre période pour vous y rendre. Car la Fontaine-de-Vaucluse saura vous charmer et vous accueillir en toutes saisons !

La Sainte-Victoire...

En toute humilité, je peux dire que c'est un privilège de vivre aux pieds de la Sainte-Victoire... Si aujourd'hui elle est célèbre à travers le monde, c'est grâce au peintre Paul Cézanne qui l'a immortalisée près de 80 fois. Tous les jours je peux contempler les palettes de couleurs qu'elle nous octroie, variant au gré du temps et des saisons.

Ainsi à chaque nouvelle randonnée, c'est un peu comme si je la découvrais pour la première fois. Car même si j'en connais les principaux parcours, je n'aurai pas assez d'une vie pour apprivoiser tous les mystères et recoins de ses sentiers.

Superficie : 160 km²   Altitude : 1011 mètres

Le Mont Venturi, en provençal, est une jeune montagne qui d'après des relevés satellites, pris entre 1993 et 2003, grandirait encore de 7 millimètres par an. Mais ceci n'est pas sa seule particularité. En effet, par sa situation géographique, elle présente un large panel de végétation méditerranéenne sur son versant sud et alpine sur son versant nord, avec 900 espèces florales répertoriées. Ce qui représenterait 20 % de la flore française. Côté faune, 27 espèces de mammifères et 126 espèces d'oiseaux ont été recensées à ce jour.

C'est donc grâce à son climat typiquement méditerranéen et ses sentiers parfaitement balisés , selon leurs difficultés que vous pourrez apprécier la montagne de la Sainte-Victoire. Ce qui la rend si prisée par les résidents du pays aixois et les touristes, c'est le fait qu'elle puisse accueillir un public très hétéroclite. Que l'on soit en famille, en couple ou seul ; que l'on soit un adepte du VTT , de la randonnée pédestre ou de l'escalade ; chacun y trouvera son bonheur ! Mais à tout cela, il y a un prix à payer qui n'est pas des moindres : LE RESPECT.

J'entends par là qu'il ne faut pas faire n'importe quoi sur un lieu qui nous offre une telle singularité. Par exemple marcher ou rouler (pour les vélos) sur les chemins prévus à cet effet, laisser grandir la nature afin que votre prochain puisse l'admirer à son tour, et surtout ne pas jeter vos déchets n'importe où ! Je ne vous parle même pas des mégots de cigarettes !

Car durant le XX ^{ème} siècle, elle a connu trois gros incendies. Le premier fut provoqué par l'armée allemande en 1944 afin de débusquer un groupe de résistants. Le deuxième remonte au 25 août 1986. Un jeune pompier volontaire y trouvera malheureusement la mort. Puis, trois ans plus tard, entre le barrage de Bimont et Pourrières, cinq mille hectares seront ravagés par les flammes, à la suite de travaux de débroussaillement.

Mais la Sainte-Victoire n'est pas seulement un parcours pour randonneurs. Elle a aussi son histoire. En effet, durant votre escapade, vous aurez la possibilité de voir des vestiges celto-ligures, attestant d'une présence très ancienne sur le site. Une chapelle construite au XIII ^{ème} siècle sur l'un des sommets de la montagne. Ce sont également deux barrages que vous pourrez traverser et admirer. Tout d'abord, le barrage de Zola bâti entre 1850 et 1854, puis celui de Bimont édifié entre 1946 et 1951. Pour les plus courageux, n'hésitez pas à «avaler» quelques kilomètres supplémentaires afin de rejoindre cette croix haute de 19 mètres située au sommet de l'Eperon, inaugurée en 1875.

Puis pour parfaire vos connaissances sur ce lieu qui selon moi fait partie des inéluctables du pays aixois, arrêtez-vous à «La Maison Sainte-Victoire», située sur la commune de Saint-Antonin. En plus d'y découvrir un petit musée éducatif, elle vous expliquera que l'on exploite sa terre depuis de nombreuses décennies. Ainsi tous les ans, une huile d'olive et un vin aux goûts et aux parfums typiquement méditerranéens y voient le jour . Des produits locaux que le chef du restaurant portant le même nom, saura sublimer dans vos assiettes. Le tout servi par une équipe à l'accueil irréprochable.

Les puristes vous diraient que sans ce beau soleil de Provence, ces produits régionaux ne seraient jamais ce qu'ils sont ! Non seulement sa terre sait ravir nos papilles, mais la «montagne de Cézanne», comme certains l'appellent, offre un marbre rose qui a permis d'agencer de grandes demeures avoisinantes.

Vous l'aurez compris, même si cette belle montagne n'a pas encore fini de grandir, il faut rester sensible sur le fait qu'elle est fragile et qu'il faut savoir la préserver à chaque instant. Tout ceci passe par des gestes qui doivent devenir des automatismes lors de vos promenades . Dans le bouddhisme, on parle de «l'impermanence» de ce qui nous entoure. Mais ce n'est pas parce que rien n'est éternel qu'il faut pour autant précipiter son déclin. Alors pensons aux générations futures qui marcheront sur nos pas et découvriront à leur tour la faune, la flore et la géologie de cette belle Sainte-Victoire !

Les Baux-de-Provence...

Difficile de ne pas tomber sous le charme de cette commune en plein cœur du massif des Alpilles. Lorsque vous pénétrez dans cette forteresse construite entre le XIème et XIII [ème], c'est un peu comme si vous remontiez le temps . On s'attendrait presque à croiser, au détour d'une rue, des personnages en tenue d'époque. C'est probablement une des raisons pour laquelle de nombreux cinéastes y posent régulièrement leurs caméras. Quoi de plus beau que des décors naturels ?

Superficie : 18 km²   Population : 361

Mais cette «ceinture fortifiée» perchée sur son rocher de 7 hectares , aux rues entièrement pavées, reste malgré tout plus un lieu touristique qu'un lieu de vie à proprement parler. Seulement 22 habitants sur 361 vivent à l'intérieur des remparts.

A l'origine, cet édifice avait pour vocation de contrôler et protéger 79 villes et villages alentour . D'un point de vue économique, il faudra attendre 1822 que le géologue Pierre Berthier découvre de la bauxite, qui sera exploitée jusqu'à la fin du XX ^{ème} siècle.

Mais même si aujourd'hui elle ne joue plus un rôle patriarchal sur la vallée, que son gisement est épuisé, elle tient cependant à préserver son patrimoine architectural et culturel. Et ce afin d'accueillir tout au long de l'année des festivals comme la Carrière des Lumières, le salon des santons (avec sa collection du XVII ^{ème} siècle), le festival de la photo, des expositions de peintures et sculptures... En 2018, prêt d'un million et demi de personnes sont venues visiter le site. Autrefois de nombreux peintres tels que Van Gogh, Seyssaud et Picasso, ayant reconnu l'essence originale des Baux-de-Provence, y ont posé leurs valises pour des séjours plus ou moins longs.

Lorsque vous vous rendrez sur ce lieu aux allures de décors de cinéma, prenez le temps d'apprécier ses 22 monuments historiques. Même si les siècles ont eu raison de certains, ils ont su garder toute leur authenticité et leur charme. Un peu comme une vieille dame qui n'aurait en rien perdu la beauté de sa jeunesse. Comme je l'ai souvent dit, j'aimerais que ces vieilles pierres me racontent ce qu'elles ont vu ou entendu durant tous ces siècles d'existence. Elles auraient tellement à nous raconter ...

Lorsque je me promène dans un endroit atypique tel que celui-ci, j'essaie toujours de trouver un restaurant qui le soit tout autant. Ce jour-là, derrière un haut portail en fer, j'ai aperçu une petite cour intérieure aménagée avec un goût irréprochable. Cette pépite se nomme joliment «Les Baux Jus» . Tout est fait pour que le client se sente comme «happé» dans un nuage de zénitude. Quant à l'accueil, son intérieur et les produits proposés à la carte, ils sont en totale adéquation avec cette sérénité qui se dégage.

Puis après ce pur moment de quiétude, j'ai déambulé au travers des ruelles . Ainsi j'ai pu découvrir, ou redécouvrir pour certains, des petits artisans qui fabriquent sous vos yeux des objets auxquels il est difficile de résister, tellement leurs créateurs mettent tout leur savoir et leur cœur pour leur donner vie.

Lorsque l'on visite la chapelle St Blaise du XII ème et l'église St Vincent du XVI ème, on se rend compte à quel point la religion était présente autrefois. Car malgré leur sobriété, deux édifices religieux sur un si petit territoire, cela donne matière à réfléchir !

Les Baux-de-Provence, ce ne sont pas seulement des boutiques d'artisanat et une multitude de restaurants . Petite parenthèse concernant ces derniers : je vous recommande vivement de réserver une table à l'avance, surtout en haute saison ! Ce sont également les vestiges d'un magnifique château et un musée qui lui est dédié. Pour quelques euros, vous marcherez sur les traces des soldats qui autrefois avaient pour mission de protéger la vallée des envahisseurs. Tout au long du parcours, des panneaux explicatifs répondront à vos interrogations. Des reconstitutions d'armes de guerre, telles que des catapultes, vous plongeront dans l'univers féodal. Vous foulerez également des escaliers aux marches exiguës, que les siècles ont poli et rendus glissants. Et là, à plusieurs dizaines de mètres, le «Saint Grâle» : une vue à 360° sur toute la vallée .

Alors si vous voulez remonter le temps et découvrir un lieu touristique reconnu pour son authenticité depuis des générations, n'hésitez pas à visiter, seul ou en famille, les Baux-de-Provence. Ses remparts sauront vous immerger dans son histoire riche en événements, avec ses reliques et ses édifices que «les gardiens du temps» ont su si bien préserver durant tous ces siècles.

Oppède-le-Vieux...

Cela fait maintenant plusieurs mois que j'ai commencé cette belle aventure. Et je n'ai de cesse de découvrir de nouveaux villages dans cette partie de la Provence que l'on appelle Luberon. Il est pour moi une véritable résurgence de lieus tous plus singuliers les uns que les autres. Mais ils ont malgré tout un point commun, celui des stigmates du temps inscrits sur les pierres de leurs façades. Elles sont comme des encyclopédies abstraites qui ne demanderaient qu'à se raconter.

Superficie : 24 km²   Population : 1389 (2015)

Situé sur le flanc nord, Oppède-le-Vieux est recommandé non seulement pour les amoureux des vieilles pierres, mais également pour les adeptes des randonnées en tout genre. Ainsi son château et sa collégiale du XVI ème siècle vous replongeront en plein Moyen-Âge.

Il faudra attendre le début du XX ème siècle pour que les villageois descendent dans la vallée afin d'y créer le hameau d'Oppède-les-Poulivets. Car non seulement plus accessible, la terre s'avérait être plus fertile. Les habitants ont progressivement délocalisé la mairie (1912), la poste, l'école communale, et créé quelques commerces. Consuelo Saint Saint-Exupéry, l'épouse du célèbre écrivain s'y est même réfugiée en 1940. Elle y restera 2 ans avant de rejoindre son mari aux Etats-Unis. Elle consacrera même un livre sur son séjour provençal à la fin de la décennie.

Il faudra attendre le début du XX ^{ème} siècle pour que les villageois descendent dans la vallée afin d'y créer le hameau d'Oppède-les-Poulivets. Car non seulement plus accessible, la terre s'avérait être plus fertile. Les habitants ont progressivement délocalisé la mairie (1912), la poste, l'école communale, et créé quelques commerces. Consuelo Saint-Exupéry, l'épouse du célèbre écrivain s'y est même réfugiée en 1940. Elle y restera 2 ans avant de rejoindre son mari aux Etats-Unis. Elle consacrera même un livre sur son séjour provençal à la fin de la décennie.

Néanmoins, la principale attraction du site demeure sa forteresse du XIII ^{ème} siècle. Construite sur les hauteurs du village, elle continue à veiller sur les Oppèdois depuis des centaines d'années.

Le délabrement avancé de cette prouesse architecturale n'est pas uniquement dû aux caprices du temps. Abandonné au XVII ^{ème}, le château connaîtra un terrible tremblement de terre en 1731.

N'ayant jamais été reconstruit, il servira malgré tout de carrière de pierres jusqu'au début du XIXème. Aujourd'hui, ce «calcaire coquillier» est très apprécié par les fabricants de cheminées pour ses nombreuses qualités. La pierre d'Oppède contribuera notamment à l'édification du palais des Papes en Avignon, ainsi qu'à la coupole de la Maison Blanche.

Je dois vous avouer que lorsque je suis arrivé sur le site, tous mes sens furent sollicités. J'avais l'impression qu'en ces lieus, la nature restait maître de son destin. Comme si l'homme ne voulait surtout pas contrarier l'alliance naturelle entre cette végétation luxuriante et ces façades qui avaient traversé les siècles.

Dans un premier temps, je suis resté au cœur de la place du village, telle une statue dans la fosse d'un amphithéâtre qui contemplerait ces édifices construits à flanc de montagne.

Dans un premier temps, je suis resté au cœur de la place du village, telle une statue dans la fosse d'un amphithéâtre qui contemplerait ces édifices construits à flanc de montagne.

Mais avant de me promener dans les méandres des ruelles pour découvrir des habitations bâties à même les falaises, en totale harmonie avec le relief, j'ai pris le temps de me restaurer. Je n'ai pas eu besoin d'aller chercher bien loin ! Juste derrière moi se trouvait un charmant petit restaurant au style vintage... Tout ce que j'aime ! «*Nostalgie quand tu nous tiens !*» Et c'est avec bienveillance et professionnalisme que les patrons de l'établissement m'ont accueilli. J'ai pu ainsi déguster un assortiment de mets, aux saveurs et aux senteurs régionales qui n'ont pas dû faire beaucoup de kilomètres pour venir agrémenter ce «plateau découverte» haut en couleur.

Si vous prenez le temps de marcher dans le vieux village, vous découvrirez à quel point il a su garder toute son authenticité et son charisme. Je sais que ce terme est généralement utilisé pour une personne, mais dans le cas présent, je prendrai la liberté de faire une exception. Toutefois, je déconseille fortement les chaussures de ville. Car l'irrégularité des pavés peut être assez déconcertante. Un «gadin» est si vite arrivé !

Alors si votre destin croise celui de cette belle petite commune, venez découvrir et comprendre pourquoi je suis tombé sous le charme de ce lieu si atypique. Un havre de sérénité où le temps semble s'être arrêté, où la nature n'est pas stressée par la vie moderne. Bref, un petit village où il fait bon vivre en toute quiétude....

Sanary-sur-Mer...

Contrairement à certains lieux que nous avons découverts ensemble, Saint-Nazaire qui deviendra Sanary en 1898, est une commune très connue sur la côte varoise.

En revanche, ce qui l'est moins, c'est une période bien précise de son histoire qui a, selon moi, bouleversé le devenir de celle-ci. C'est certainement la raison pour laquelle ces habitants «pure souche», avec qui j'ai eu la chance de converser, n'ont pas mis longtemps à me convaincre à quel point ils étaient attachés à leur ville, voire un peu «chauvins» pour certains .

Superficie : 19 km²   Population : 17 000

Tout d'abord, il faut savoir que cela ne fait qu'une quarantaine d'années que ce petit port varois est reconnu comme un haut lieu touristique . Lorsque vous déambulez dans ces ruelles entrelacées, que votre regard se pose sur ces vitrines aussi soignées que singulières , difficile d'imaginer ce qu'il a pu se passer durant la Seconde Guerre mondiale.

En effet, durant cette période compliquée, et afin de fuir la montée du nazisme, Sanary a été pour de nombreux intellectuels allemands et autrichiens une «terre d'exil». A l'époque, si les sanaryens n'avaient pas fait preuve de compassion et d'humanisme, de nombreuses personnes auraient vu leur destin bouleversé. Ainsi, pas moins de cinq cents réfugiés, poursuivis par l'ennemi, ont pu s'y terrer. En 39-45, on la surnommait même «Sanary-les-Allemands». Vous reconnaîtrez que «Sanary-sur-Mer» fait beaucoup plus rêver !

En 1942, elle sera envahie par l'armée allemande. Pour se dégager une ligne de tir, l'envahisseur détruira de nombreux édifices classés. Les alliés, quant à eux, ne feront qu'aggraver la situation en ripostant. En raison de ces lourds dommages, la ville recevra le 11 novembre 1948 la «Croix de Guerre 39-45» .

Afin de se cacher des nazis, le célèbre explorateur océanographique, Jacques-Yves Cousteau (pour ne citer que lui), sera contraint de s'installer à Sanary. Et c'est dans la villa «Le Baobab» qu'il dissimulera son appareil respiratoire en eau profonde, afin qu'il ne tombe pas entre les mains de l'ennemi. Par la suite, de nombreux travaux, liés à la plongée sous-marine, seront réalisés puis testés dans les eaux sanaryennes. Le musée Frédéric DUMAS, sera même dédié à l'archéologie sous-marine.

Il faudra cependant attendre de nombreuses années pour que les stigmates de la guerre s'estompent, afin de laisser place à un lieu où il fait aujourd'hui bon vivre .

Depuis quelques décennies, les «gardiens de la ville» ont su exploiter le filon touristique, en proposant de nombreuses activités tant terrestres que maritimes. Vous pourrez, par exemple, faire une excursion en bateau, et admirer ainsi la beauté de la côte et de ses fonds marins .

Sur le quai, ce sont les effluves du poisson fraîchement pêché , posé sur un lit de glace, qui viendront titiller vos sens. Et si vous préférez déguster les trésors de la mer, sans avoir à les cuisiner, faites confiance au talent des chefs qui sauront ravir vos papilles ! Puis au détour d'une ruelle étroite , vous pourrez également visiter une des nombreuses églises et chapelles, construites entre les XVème et XIXème siècles. Par bonheur, la ville a su les protéger des événements douloureux du passé !

Mais ce lieu est avant tout un lieu de quiétude, où il fait bon vivre, où les habitants ont su garder cet esprit «village». Loin de ces lieux souvent surfaits que l'on peut trouver dans certaines villes voisines. C'est probablement la raison pour laquelle, son marché quotidien a été élu en 2018 «plus beau marché français». Sans oublier le marché artisanal nocturne, de juin à septembre, si prisé par les touristes et les locaux.

Tout cela pour dire que si vous aimez l'authenticité d'un petit port méditerranéen, que vous souhaitez manger un plat régional au bord de l'eau ou dans une petite traverse pleine de charme, arrêtez-vous à Sanary-sur-Mer ! Faites comme de nombreux artistes-peintres, écrivains, cinéastes, inventeurs qui ont, grâce à ce petit «cocon», su trouver l'inspiration.

Pernes-les-Fontaines...

Pernes-les-Fontaines : quel joli nom pour désigner ce village provençal situé au cœur du Lubéron !
Il faudra cependant attendre 1936 pour l'appeler ainsi. Sa forteresse du XII ème siècle quant à elle, commencera à voir s'édifier les fontaines à partir de la seconde moitié du XVIII ème siècle. Aujourd'hui, attraction principale de la commune, elles ne sont pas moins de quarante à se partager la cité médiévale.

Superficie : 51 km²   Population : 9566

Lorsque je me suis promené dans les ruelles, j'avais le sentiment que chacune d'entre elles avait pour mission de veiller sur ses habitants. Je suis même allé jusqu'à imaginer qu'avec les siècles, chaque fontaine serait devenue un peu comme leur confidente . Les résidents venant lui confier d'inavouables secrets à l'abri des regards indiscrets, craignant d'être surpris par d'éventuels colporteurs de ragots. Devenant ainsi, de générations en générations, la mémoire vive de cette belle enceinte fortifiée.

Le fait d'avoir été construites sur une période aussi longue, a permis de façonner une certaine singularité architecturale . Néanmoins, parmi toutes ces créations, ce sont les fontaines «Gigot» (près de la Tour Ferrante) et «Cormoran» (face à la Halle couverte), qui ont su au fil des siècles se distinguer de leurs «petites sœurs».

Mais si vous souhaitez admirer le plus grand nombre de fontaines, je vous invite à retirer un plan détaillé et commenté à l'office du Tourisme. Ainsi, vous pourrez, de façon ludique, découvrir cette quarantaine de monuments, tout en appréciant la particularité des façades , des fresques et des décorations florales. Mais Pernes est aussi un lieu où l'on peut séjourner dans un hôtel ou une chambre d'hôte au charme inégalable, prendre le temps de visiter le musée du Costume Comtadin, l'église Notre Dame de Nazareth du XIème siècle, la Halle couverte du XVII ème siècle , ou la Tour de l'Horloge datant du XIème siècle.

Cependant, avant de devenir un site touristique, Pernes-les-Fontaines a fortement contribué à l'histoire du Lubéron, et par redondance à celle de notre belle Provence. En effet, comme je vous le disais précédemment, la forteresse fut bâtie au XII ème siècle. Dominée par un donjon surplombant toute la ville, elle fut érigée par la famille des comtes de Toulouse qui même s'ils ne résidaient pas sur la commune, la dirigeaient d'une poigne de fer .

Il faudra attendre plusieurs générations pour que la ville s'ouvre sur le monde extérieur, tant au sens figuré qu'au sens propre. La destruction de la muraille laissera la place à de nouvelles routes qui faciliteront les échanges commerciaux.

Ce sont principalement deux hommes, Louis Giraud (1805-1883) et Paul de Vivie (1853-1930) qui émanciperont Pernes. De nombreuses exploitations agricoles verront ainsi le jour et se développeront de façon exponentielle, allant même pour certaines jusqu'à exporter leur production locale. Mais les deux guerres mondiales viendront entacher et mettre à mal le quotidien des Pernois et l'économie de la région .

 Aujourd'hui, et ce depuis la deuxième moitié du XXème siècle, on ne compte pas moins de vingt-cinq édifices classés aux Monuments Historiques. Les Pernois, comme leurs administrés ont su garder la mémoire de cette belle commune du Lubéron, en créant de nombreux musées aux thématiques variées (11). Permettant ainsi aux amoureux de l'histoire de découvrir toutes les richesses de ce lieu.

Grâce à toutes les excursions que j'ai pu réaliser depuis le début de cette aventure, je me suis aperçu qu'il n'y a rien de plus merveilleux que de se rendre physiquement sur les sites. Internet ne pourra jamais rivaliser avec cette authenticité. Et du fait de mes récits, j'en profite pour mettre à l'honneur toutes ces personnes qui contribuent à perpétuer la mémoire de nos ancêtres. Sans être chauvin, en Provence, et de façon plus générale en France, nous avons la chance d'avoir des lieux, des monuments, une histoire avec un grand «H» enviés et jalousés par un grand nombre de pays à travers le monde. C'est certainement une des raisons pour laquelle notre pays est une des destinations les plus visitées au monde !

Cucuron...

Cucuron : non ce n'est pas le nom d'une cucurbitacée ! Mais bel et bien celui d'un petit village qui domine depuis des siècles la vallée du Grand Lubéron .
De façon plus sérieuse, son patronyme aurait une origine celtique, «Cuc» signifiant «mamelon». Même si cette association de trois syllabes accroche un peu lorsqu'on les prononce, cela n'en demeure pas moins un magnifique cocon qui embaume la quiétude et le charme provençal .

Superficie : 32 km²   Population : 1807

Si le village actuel date de 1004, ses genèses remonteraient, d'après les vestiges retrouvés, à la Préhistoire. Toutefois, il faudra attendre le XIIIème siècle pour que Cucuron commence timidement à s'implanter au-delà de sa ceinture fortifiée. D'un point de vue démographique, elle atteindra son point culminant en 1719, avec trois mille habitants. Mais l'année suivante, la peste décimera plus d'un tiers de la population. Puis l'exode rural et la Première Guerre mondiale ne feront qu'accentuer le phénomène de désertification. Ce n'est que dans les années soixante qu'une nouvelle clientèle, séduite par la qualité de vie, les trois cents jours d'ensoleillement et le charme atypique de ce village, décidera d'investir dans cette belle commune du Lubéron .

Lorsque j'ai commencé à déambuler dans les rues, une expression m'est aussitôt venue à l'esprit : «Bobo-Chic». Parfois, c'est vrai qu'elle peut avoir une connotation péjorative. Mais dans le cas présent, je dois dire que toute la noblesse du terme a repris le dessus . Les devantures des boutiques sont à l'image de leurs propriétaires, un parfait dosage entre «le trop» et le «pas assez». Tout est raffiné, rien n'est laissé au hasard. De surcroît, ils ont su conserver l'authenticité des façades et des monuments en y apportant une subtile touche de modernité, sans pour autant dénaturer l'aspect premier .

Ce jour-là, cerise sur le gâteau, un vide grenier était organisé autour du Bassin de l'Etang . Je ne sais pas vous, mais lorsque je chine des objets insolites, je me surprends souvent à m'interroger sur leur histoire, leur vécu, leur origine. Quels ont été leurs propriétaires successifs ? Serais-je le prochain ? Et c'est là que l'exposant entre en scène, avec pour but de faire pencher la balance du côté : «Ok, je l'achète !»

En marchant dans les rues de Cucuron, j'ai rapidement constaté que je me trouvais face à un véritable feu d'artifice de monuments historiques, parfaitement préservés, et ce malgré le temps et les événements du passé. Tout d'abord, le Bassin de l'Etang du XVème siècle, dont je vous parlais précédemment. Même si aujourd'hui il est un lieu où l'on prend plaisir à rêvasser seul ou entre amis, il était autrefois une réserve d'eau servant à alimenter le moulin à farine. Mais c'est en pénétrant à l'intérieur du village que celui-ci vous dévoilera tous ses trésors.

Tout d'abord, le Donjon St Michel , abandonné au XVII ème siècle par la famille d'Oraison, dont les ruines furent rachetées par un particulier en 1791, puis classé aux Monuments Historiques en 1921. En grimpant sur les hauteurs du village, vous pourrez visiter l'église Notre Dame de Beaulieu . L'édifice, dont les parties ont été successivement rajoutées au cours des siècles, a la particularité d'être un concentré de plusieurs styles. Pour les férus d'histoire, je vous invite à découvrir le Musée Marc Deydier (1845-1920) qui a pris ses quartiers en 1970 dans un hôtel particulier du XVIIème siècle. Vous pourrez y voir, entre autres, une collection de vestiges archéologiques de la Civilisation Néolithique et de l'Age de Bronze, ou du mobilier datant de la période Romaine.

Pour conclure, je dirais que Cucuron me fait penser à une poupée russe. On va de découvertes en découvertes, de surprises en surprises . Un peu comme si chaque monument, chaque pierre, ayant contribué à l'édification de ce village, s'étaient donné pour mission de rendre cette visite à jamais gravée dans votre esprit.

Le Castellet...

Même si depuis le début de cette aventure, je privilégie des lieux souvent méconnus de notre belle Provence, il en demeure un, malgré sa notoriété bien assise, que je vous inciterai à visiter : Le Castellet. « Lou Castellet » (« Petit Château » en provençal) est ce que l'on appelle un incontournable de la côte varoise.

Difficile de ne pas tomber sous le charme de cette cité médiévale du XII ème siècle qui domine, du haut de ses 250 mètres, la vallée et le littoral méditerranéen . Il faut savoir que la commune n'a été propriétaire du site qu'au XVIII ème siècle . Et c'est seulement en 1939 que son inscription sera validée aux Monuments Historiques.

Superficie : 44 km²   Population : 3920

Personnellement, lorsque je m'y rends, je préfère me garer sur le parking du bas. Cela me permet d'admirer ce magnifique lavoir, vieux de plusieurs siècles . A chaque fois que je vois ce bel édifice, je m'imagine les femmes venant laver leurs effets personnels à l'aide de leur battoir à linge, profitant de cette « réunion » pour colporter les derniers commérages du village. C'est là que l'on se dit que les ragots n'ont pas attendu le téléphone et les réseaux sociaux pour exister !

Le Castellet, situé au centre de l'amphithéâtre naturel « Le Vignoble de Bandol » et des prémices de la Sainte Baume, s'est rapidement tourné vers la viticulture et l'oléiculture . Et cela fait maintenant plusieurs générations que des vins AOC et de l'huile d'olive de Provence AOC sont fabriqués et exportés à travers le monde.

D'un point de vue cinématographique, c'est en 1938 que Marcel Pagnol choisira cette commune pittoresque pour tourner « La Femme du boulanger » avec Raimu et Ginette Leclerc.

En 1998 Patrice Leconte réalisera « Une chance sur deux » avec Jean-Paul Belmondo, Alain Delon et Vanessa Paradis. Et en 2011, Olivier Baroux posera ses caméras pour « Les Tuche » avec Jean-Paul Rouve et Isabelle Nanty.

Paul Ricard, industriel et inventeur de cette célèbre boisson si prisée par les marseillais, y fera construire en 1970 un circuit automobile afin d'accueillir les courses de Formule 1.

Même si la saison estivale reste propice à une plus forte fréquentation des lieux, « Lou Castellet » reste un lieu animé du printemps à l'automne.

Quasiment toute l'année, vous aurez le plaisir de déambuler au travers de ruelles pavées afin d'admirer ces façades aux pierres vieillies par des siècles d'existence .

Vous découvrirez des monuments qui ont su traverser les époques, comme « Le Trou de Madame » (étrange nom, je vous l'accorde !) qui fait partie des multiples ouvertures dans les remparts, son église paroissiale de la Transfiguration datant de la fin du XIème siècle , à laquelle on a ajouté une nef en 1754. Et si vous êtes comme moi, un peu rêveur, surprenez-vous à mettre en images tout ce que ces bâtisses pourraient vous raconter si elles pouvaient parler !

Mais Le Castellet est aussi un lieu où l'on peut déjeuner ou dîner en toute quiétude. Car les restaurateurs ont mis tout en œuvre pour choisir l'endroit idéal, comme une placette entourée par l'harmonie de ses façades , une terrasse arborée face à un panorama hors du commun, dans l'unique but de vous faire déguster leurs créations culinaires.

Depuis de nombreuses décennies, « Lou Castellet » s'est construit une réputation basée sur la qualité, l'originalité et la diversité de son artisanat. De plus, ses créateurs ont su mettre en valeur une architecture qui semble être figée dans le passé, en y implantant des boutiques toutes plus originales les unes que les autres . Personnellement, il m'est toujours difficile de résister à toutes ces créations pluriethniques tels que des bijoux, des sculptures, des peintures, etc. qui viennent se poser sous mes yeux.

Vous l'aurez compris, ce petit bijou que Dame Nature et l'Homme ont façonné durant plusieurs siècles, saura sans difficulté vous faire voyager à travers les époques, grâce à ces monuments et ces façades qui ont si bien traversé le temps .

La Ciotat...

Je dois vous avouer que c'est avec un doux mélange de tendresse et de nostalgie que j'ai réalisé ce chapitre. C'était un peu comme si je marchais sur les pas de mon enfance. Car mes grands-parents habitant autrefois La Ciotat, j'ai eu la chance d'y passer quasiment toutes mes vacances scolaires. Tout au long de cette journée, j'ai joué à juxtaposer le vécu d'un enfant à celui d'un jeune quinquagénaire. Sur le Port-Vieux, je me revoyais avec mon grand-père en train d'attendre le chalutier de Polo .

Superficie : 35 km²   Population : 35580

Nous ne repartions jamais sans un sac en Nylon rempli de sardines ou de maquereaux, «offerts par la maison». Ma grand-mère s'empressait alors de les cuisiner en sauce escabèche. Je ne compte même plus le nombre de fois où j'ai fait les courses avec elle dans la rue des Poilus, célèbre rue commerçante du centre-ville. Les emplettes terminées, nous allions rejoindre «pépé» au boulomane et nous remontions tous ensemble en voiture. Que de merveilleux souvenirs !

Si aujourd'hui la Ciotat a pris un virage à 180° pour devenir une station balnéaire, il n'en a pas toujours été ainsi. Bien au contraire !

C'est au XVI ème siècle que la ville connaîtra un important essor démographique. En effet, à la suite de révolutions locales, l'aristocratie génoise se verra contrainte de quitter l'Italie et de s'installer dans cette ville méditerranéenne.

Les premiers chantiers navals, quant à eux, datent de 1622. Ils se développeront progressivement jusqu'au début du 18° siècle. Viendra ensuite une période beaucoup plus compliquée pour les ciotadens . Mais c'est grâce à des transformations et une modernisation du site qu'ils deviendront, jusqu'au 20ème siècle, l'activité principale de la Ciotat . Cependant, les années 80 traverseront une crise sans précédent. Les répercussions économiques et sociales seront irréversibles, voir même tragiques pour certains. Les syndicats mettront tout en œuvre pour essayer de sauver leur entreprise en organisant de nombreuses manifestations, particulièrement musclées pour certaines. Des tentatives de négociations verront le jour. Beaucoup de familles resteront «sur le carreau» , elles seront obligées de vendre leurs biens afin de déménager pour tenter de se reconstruire ailleurs. Certains employés iront même jusqu'à se suicider.

Mais comme on dit, le malheur des uns fait souvent le bonheur des autres. Et la chute du secteur immobilier permettra à des personnes «bienveillantes» de s'engouffrer dans la faille et de faire fortune.

Toutefois, malgré ces nombreux déboires, La Ciotat va parvenir à renaître de ses cendres, en orientant son industrie vers la fabrication de bateaux de luxe . Autrefois ville ouvrière, elle s'est transformée peu à peu en station balnéaire. De nombreux projets tels que des hôtels, des résidences luxueuses, un casino, la réhabilitation des hangars de l'ancien chantier en restaurants/brasseries «branchés», etc.... ont pu ainsi voir le jour.

Je vous parlais du boulomane où mon grand-père passait quasiment tous ses après-midis. Il faut savoir que la «pétanque» qui viendrait «des pieds tanqués dans le sol» pour tirer la boule, est un peu le «sport national» à La Ciotat. On dit même qu'elle aurait vu le jour en juin 1910 grâce à Jules Lenoir qui, souffrant des membres inférieurs, ne pouvait pas faire autrement que de la lancer les pieds immobiles. Je serais incapable de vous affirmer si cette légende est vraie, mais je trouve que c'est une bien belle histoire ! Qu'en pensez-vous ?

Si vous vous promenez sur le bord de plage, vous croiserez probablement la statue de Louis et Auguste Lumière, réalisée en hommage à ces deux frères qui sont à l'origine de l'invention du cinématographe. Pour la petite histoire, c'est le 21 septembre 1895 qu'ils projetteront dans leur propriété ciotadenne «L'arrivée du train en gare de La Ciotat». Je vous laisse imaginer la réaction des quelques spectateurs présents ce jour-là ! Puis le 28 décembre de la même année sera donnée la première séance publique au «Grand café» à Paris. C'est la naissance du 7ème art !

Tous les 16 août, depuis près de 300 ans, la ville organise les tournois de joutes sur le Vieux Port . Cette manifestation annuelle est un événement très important pour la commune, car elle attire un très large public. Pour info le premier club officiel de joutes date seulement de septembre 1921.

La Ciotat, c'est aussi l'Ile Verte qui se trouve en face du Port Vieux, accessible uniquement en bateau. Un lieu particulièrement agréable où l'on peut admirer les fonds marins, pique-niquer sur le sable, ou bien déjeuner dans l'unique petit restaurant. Juste à côté, vous pourrez admirer cet immense rocher en forme de bec d'oiseau, d'où «le Bec de l'Aigle» . Pour le voir de plus près, je vous conseille de vous rendre au Parc du Mugel. Resté privé jusqu'en 1987, il est désormais géré par la municipalité. Ce ne sont pas moins de 17 hectares protégés et règlementés qui vous accueillent tous les jours (de 8h à 20h) pour vous baigner dans une eau transparente, ou faire une randonnée pédestre dans un sublime décor naturel . Et c'est pour son microclimat que les administrés ont eu l'idée de créer un jardin botanique gratuit et aménagé, qui regroupe désormais de nombreuses variétés de plantes et arbres exotiques.

Quand je repense à l'histoire de La Ciotat, je me dis que cette ville est tel un Phoenix. Autrefois ouvrière, elle a bien failli être victime d'une crise économique irréversible, entraînant dans son tourbillon une population agonisante et se transformer en ville fantôme, comme certaines communes minières du nord de la France. Aujourd'hui, elle est devenue une station balnéaire de plus en plus prisée par les étrangers. Je vous invite donc à prendre le temps de la découvrir seul, en couple ou en famille. Vous pourrez ainsi vous construire de magnifiques souvenirs que vous raconterez, pourquoi pas ... à vos descendants .

Saignon...

Pour être honnête avec vous, je dois avouer que lorsque je suis arrivé à Saignon, je n'ai pas ressenti le «waouh» habituel. Mais «je» équivaut à une émotion personnelle, donc.... C'est un peu comme lorsque l'on se retrouve face à une œuvre d'art, on aime, on n'aime pas, ou bien on est partagé entre deux émotions. C'est exactement ce que j'ai éprouvé en arrivant dans ce village vauclusien !

Mais ce que l'on ne pourra jamais enlever à un site, c'est son histoire, ainsi que son authenticité.

Superficie : 19 km²   Population : 1012

Lorsque vous arriverez à Saignon, vous constaterez que ce qui fait la particularité du lieu, c'est son implantation. Construit autour de son rocher surnommé «Belle Vue» , le village avait autrefois pour fonction principale de veiller sur toute la vallée. Dans le passé, la commune servait essentiellement d'observatoire. Le premier castrum (lieu fortifié en latin) fut édifié sur le rocher au Xème siècle. Il sera ensuite remplacé par trois forts , fait rare sur une aussi petite enceinte.

Aujourd'hui, ces vestiges sont très appréciés par les touristes. Ils permettent d'offrir un magnifique panorama sur toute la plaine .

La place principale du village, appelée également place de la «Grande Fontaine», présente quant à elle une singularité architecturale. En effet, si vous regardez en détail les façades, vous remarquerez que l'une d'entre elles porte des statues allégoriques (représentation d'une idée abstraite par du concret), en hommage à l'agriculture et à l'industrie. Ces prouesses artistiques ont été réalisées par un artiste local, Elzéar Sollier. De plus, un grand nombre de ces murs extérieurs arborent une végétation qui changent de couleurs au gré des saisons. Selon la période de l'année, ces «murs végétaux» passent du vert, au jaune puis au rouge. Un véritable festin visuel pour les photographes et les peintres.

Lorsque je visite un village, je ne saurais vous dire pourquoi, mais je recherche toujours la présence d'un lavoir. Peut-être parce qu'ils représentaient autrefois un lieu de rencontre, où les habitants prenaient le temps de converser, tout en battant le linge. Et celui de Saignon a la particularité de se trouver sous une habitation. Aujourd'hui, il cohabite avec une «bibliothèque de partage». Les ouvrages sont à la disposition de tout un chacun. On prend, on lit et on repose ! Un peu comme si les livres s'étaient donnés pour mission de conter les histoires d'antan .

Dans certaines rues, vous aurez peut-être l'impression que le temps s'est arrêté. Mais pas forcément au sens noble du terme. Car sans vouloir dénigrer, je pense que les administrés devraient rénover certains bâtiments. Ainsi ils pourraient recouvrer leur éclat du temps passé. Mais cela n'engage que moi !

A l'entrée du village, vous découvrirez l'église Notre Dame, de style roman . Construite au Moyen Âge, elle était une étape importante pour les pèlerins allant de Rome à St Jacques de Compostelle. J'aurais cependant aimé vous parler de son intérieur, mais à mon grand regret elle était fermée au public : dommage ! Je suppose que c'est dû au fait qu'elle abrite un reliquaire de la Sainte Croix. L'église ne veut pas tenter le «Diable» !

D'un point de vue économique, l'agriculture est le point fort de Saignon. On y cultive depuis de nombreuses générations, les vignes, les cerisiers, les céréales, la lavande et les chênes truffiers. Du miel et du fromage de chèvre de grande qualité, fabriqués sur place, font depuis longtemps le bonheur des fins gourmets. Il faut savoir que jusqu'à la Seconde Guerre mondiale, une mine de souffre était exploitée au profit des viticulteurs.

Vous l'aurez compris, Saignon ne fait pas partie du «top ten» des sites que j'ai pu visiter depuis le début de cette aventure. Mais je n'ai pas la prétention d'avoir parole d'évangile ! Raison pour laquelle, je vous invite à découvrir ce village afin de vous faire votre propre opinion. Prenez le temps de déambuler dans ces rues aux pierres usées et souvent déformées par des siècles d'existence . Si vous venez de loin, vous aurez même la possibilité de réserver un séjour dans une des nombreuses chambres d'hôte présentes sur la commune . Je suis convaincu que les férus d'histoire, de vieilles façades et de vestiges succomberont à l'atypisme de Saignon.

Bormes-les-Mimosas...

Cela faisait très longtemps que j'entendais parler de Bormes-les-Mimosas, sans jamais avoir eu l'occasion de m'y rendre. Pour moi, cette commune se résume en un mot : Sublime !

Superficie : 97 km²   Population : 8097

La première chose qui m'a frappé lorsque j'ai découvert Bormes, c'est ce panorama qui allie raffinement et sobriété. On est comme happé par son paysage où cohabitent, dans la plus grande harmonie, villas démesurées, domaines vinicoles, exploitations agricoles et bien sûr le célèbre Fort de Brégançon . Le tout protégé par un littoral bleu azur, où le soleil méditerranéen semble se refléter en toute quiétude.

D'un point de vue historique, les origines de cette commune varoise qui aujourd'hui fait partie des plus beaux villages de France, remonteraient à 400 ans avant Jésus Christ. En raison de sa situation géographique, elle fut très longtemps peuplée par des pêcheurs. Le village et ses remparts ne seront construits qu'au 12ème siècle. Puis à partir du 13ème siècle, cinq dynasties se succéderont pour régenter le village. Le Lavandou, commune adjacente, était autrefois rattaché à Bormes. Désireuse de voler de ses propres ailes, elle n'obtiendra son «indépendance» qu'en 1913, après six longues années d'attente infructueuse. Cette même année, Bormes et Hyères feront partie des premières communes françaises à être classées «Station Climatique», du fait de leur climat hivernal particulièrement doux .

Pour la petite histoire, «les Mimosas» viendront se rattacher à Bormes en 1968. Les administrés ont probablement voulu rendre hommage à cet arbre, dérivé de l'acacia, très présent sur la commune.

Lorsque l'on arrive à Bormes-les-Mimosas, on se sent comme apaisé et serein. Les habitants sont souriants et accueillants. Les façades, quant à elles, sont un doux compromis entre le style italien et provençal , arborant fièrement des couleurs vives et chaleureuses . Les propriétaires de boutiques regorgent d'imagination pour rendre leurs vitrines les plus attrayantes et singulières possible. Lorsque vous passez devant un restaurant , difficile de résister aux senteurs méditerranéennes qui viennent discrètement chatouiller vos narines. Si je peux vous donner un conseil, ne vous «jetez» pas sur la première terrasse qui s'offre à vous. Explorez les ruelles colorées et découvrez de véritables petites pépites de la gastronomie locale qui sauront, j'en suis certain, émoustiller vos papilles.

Mais Bormes n'est pas seulement une ville de la Côte d'Azur aux allures de décors de cinéma. C'est aussi un lieu qui vous fera découvrir des artistes, grâce à un atelier de peinture, un artisan verrier et des petites galeries intimistes. Sans oublier son marché hebdomadaire (et nocturne en période estivale) où sont présentés des produits témoins de nos traditions, que des puristes s'évertuent à faire perdurer depuis de nombreuses générations.

Pour les amoureux de vieilles pierres , vous pourrez visiter la chapelle Saint François de Paule , de style roman, édifiée en 1560 en hommage à St François pour avoir libéré la ville de la peste en 1481. Ou bien à 324 mètres, la chapelle de Notre Dame de Constance, très prisée par les randonneurs car elle offre un magnifique panorama, ainsi qu'une table d'orientation. Même s'il est fermé au public, vous aurez également la possibilité d'admirer le Château des Seigneurs de Fos, édifié entre le 13ème et le 14ème siècles et classé aux Monuments historiques depuis le début des années 30.

Les amoureux de la nature et de bons vins auront quant à eux, la possibilité de se balader au travers des vignobles de la commune afin d'admirer les célèbres Côtes de Provence. Et pourquoi pas repartir avec quelques souvenirs mis en bouteilles directement chez l'exploitant.

Il y a cependant un édifice qu'il est difficile de dissocier de ce site varois : le Fort de Brégançon (10) ! Loué au début des années 20 par le Sénateur Bellanger, il fut entièrement réaménagé grâce à ses propres deniers. Il se verra cependant contraint, par le Général De Gaulle, de quitter la demeure dans les années 70. Tombé sous le charme de la bâtisse et de son piton rocheux haut de 35 mètres, le Chef d'État en fera un lieu de villégiature pour les présidents de la République en fonction. Il ordonnera dès lors la réalisation d'une jetée artificielle pour faciliter son accès, ainsi qu'un parking pour le personnel (servant également d'héliport). Petite précision, le site peut se visiter certains jours de la semaine, à des heures bien précises.

Comme je vous l'ai dit précédemment, je ne suis pas féru des endroits qui drainent une forte population touristique. Mais ce jour-là, j'ai eu le privilège de côtoyer une petite ville où les racines méditerranéennes sont fortement ancrées dans les esprits, dans l'architecture. Un endroit où les habitants prennent encore le temps de s'asseoir pour apprécier la vie qui s'écoule lentement sous leurs yeux, afin d'en savourer chaque instant. Bref un petit coin de paradis qui transpire la félicité !

Le Beaucet...

Il vous faudra toutefois rouler une dizaine de kilomètres, sur une route aussi sinueuse qu'étroite, pour enfin arriver aux pieds de ce petit village accroché à flanc de colline, plein de charme et de singularité. La première image qui m'est venue à l'esprit, fut celle de Dame Nature posant son dévolu sur ce lieu, afin que l'Homme puisse y bâtir une crèche grandeur nature .

Superficie : 9 km²   Population : 360

Ne vous attendez pas à découvrir un bourg où les boutiques de souvenirs et les restaurants se partagent chaque mètre carré, comme dans la plupart des sites touristiques. Je dirais que Le Beaucet est plus un lieu pour les randonneurs. Un peu comme une étape où il serait possible de se couper du monde pour quelques heures .

En arrivant, mon regard fut immédiatement attiré par le château. Sans doute est-ce dû au fait qu'il s'en dégage un sentiment de protection patriarcale, telle une louve qui protégerait sa jeune progéniture.

Lorsque je me rends pour la première fois sur un site, j'aime par-dessus tout observer les gens. Et là, je me suis aperçu que le temps semblait presque ralenti . Que les touristes, comme les locaux, prenaient le temps d'apprécier chaque instant qui leur était offert. Savourant en toute quiétude cette dualité entre le passé et le présent.

Quel bonheur de pouvoir déambuler dans des ruelles exposant des façades vieillies par des siècles d'existence, où la végétation a progressivement repris sa souveraineté, en recouvrant sournoisement les pierres .

D'après les traces retrouvées par les archéologues au XXème siècle, l'origine des Beaucetains remonterait à 8000 ans. Mais c'est seulement à partir du Moyen Âge que le village commencera à se construire autour de son église et de son château. Une communauté villageoise se formera alors à proximité de l'édifice, afin d'y trouver protection, ainsi qu'une activité économique principalement tournée vers l'agriculture .

Au XVI° siècle, Le Beaucet sera très affecté par les guerres de religion. Après de nombreuses avaries, le château se verra régulièrement restauré durant les deux siècles suivants. Mais au XVIII ème, faute de moyens, son entretien cessera pour laisser place à des vestiges que l'on peut visiter aujourd'hui . En toute honnêteté, ne vous attendez pas à quelque chose d'exceptionnel ! Seules quelques salles accueillant des reliques moyenâgeuses ont été préservées.

Ce n'est qu'à partir de la deuxième moitié du XIXème que la commune connaîtra un nouvel essor démographique. En effet, la culture du blé, de la vigne, des oliviers, ainsi que l'élevage de brebis et de vers à soie, permettront aux villageois d'accroître considérablement leur activité économique durant plusieurs décennies. Mais les deux guerres mondiales viendront fragiliser la population Beaucetaine, car beaucoup d'hommes partiront au front sans jamais revenir. En 1954, seulement 79 habitants vivaient au Beaucet. Puis au début des années 70, de gros travaux d'urbanisme, associés au développement du tourisme, faciliteront la venue d'une nouvelle clientèle. De jeunes retraités et les bobos chics de l'époque sauront apprécier sans commune mesure les bienfaits de la campagne et de la nature . Aujourd'hui, on ne compte pas moins de 360 habitants, toutes CSP (catégories sociaux professionnelles) et âges confondus, vivant au village .

Comme je vous le disais précédemment, pour déjeuner n'espérez pas avoir le choix entre plusieurs restaurants/brasseries ! En effet, deux possibilités s'offriront à vous. Soit savourer votre pique-nique face à un magnifique tableau naturel, soit vous installer sur la terrasse de l'unique établissement. La patronne vous proposera un menu, lui aussi unique, composé de produits du terroir. Après on aime, ou on n'aime pas ! Moi perso, je suis fan de ce type d'ambiance ! L'accueil y est chaleureux, et les produits sont d'excellente qualité. Petit conseil, ne faites pas comme moi, prévoyez un moyen de paiement autre que la CB ...

Vous l'aurez compris, lorsque vous vous rendrez au Beaucet, vous aurez le sentiment de faire un bon dans le passé . Vous redécouvrirez les valeurs d'une époque où l'on savait apprécier, en toute humilité, ce qui se présentait à nous. Bref, un petit coin de Paradis coupé du monde, offrant à la faune et la flore la possibilité de vivre en total harmonie avec l'Homme.

Saint-Rémy-de-Provence...

On dit de Saint-Rémy-de-Provence qu'elle est la capitale des Alpilles . En plus d'être un concentré d'histoire, son Parc Naturel, classé depuis 2007, abrite une faune et une flore d'une très grande diversité. Si vous vous promenez dans ce bel écrin naturel, vous aurez peut-être la chance d'apercevoir un lézard ocellé, un vautour percnoptère, un faucon crécerellette, ou bien un hibou grand-duc. En 1992, pas moins de 800 espèces végétales ont été répertoriées par le botaniste Bernard Girerd sur le territoire des Alpilles. Inutile de vous préciser que toutes ces espèces sont protégées, donc : Pas Touche ! Les chauves-souris, très présentes sur le site, préfèrent quant à elles cohabiter en toute quiétude avec les villageois.

Superficie : 89 km²   Population : 9612

Les gravures rupestres et les peintures, datant du Néolithique et de l'Age de Bronze, retrouvées dans la grotte Otello, permettent d'avancer que les origines de Saint-Rémy remonteraient à la Préhistoire.

Afin de ne pas rendre la lecture de mon texte trop fastidieuse, je m'abstiendrais de relater la période allant du Moyen-Âge à la royauté. A la fois très instructive et riche en événements, elle est cependant plus destinée à des férus d'histoire! Mais il y a cependant une date qui restent indissociable de la commune : le 14 décembre 1503. Elle correspond à la naissance du célèbre médecin-astrologue Michel de Nostredame, plus connu sous le nom de Nostradamus. Israélite de confession, il se convertira au catholicisme avant d'être anobli. Toutefois, le célèbre apothicaire vivra, décédera et sera inhumé en 1566 à Salon-de-Provence. La maison de son enfance, demeure toujours visible à Saint-Rémy.

En 1720 et 1721, la ville connaîtra sa plus grande épidémie de peste. La maladie aura raison de près d'un tier de la population.

D'un point de vue économique, il faudra attendre le XIXème siècle pour que la ville atteigne son «zénith», grâce à la culture du charbon cardère (espèce de plantes herbacées) et de ses graines. Les nombreuses extensions réalisées sur le Canal des Alpilles ont largement été profitables au secteur. Rapport de cause à effet oblige, un grand nombre de familles de négociants viendront s'installer et construire de grandes propriétés à l'extérieur des remparts. Ces opportunistes développeront ainsi leur négoce avec le reste de l'Europe et une partie des Etats-Unis. Mais la Première Guerre mondiale viendra fortement entraver cette opulence.

Sur un plan culturel, St-Rémy a accueilli, tout au long de son histoire, de nombreux artistes. Mais il y en a un qui a profondément marqué les esprits : le peintre hollandais Vincent Van Gogh. Interné en 1889 à la maison de santé Saint-Paul-de-Mausole pour troubles mentaux, il réalisera durant son séjour plusieurs de ses célèbres toiles. Je vous recommande vivement de visiter cet édifice. Car en plus d'avoir la possibilité de voir la chambre et la salle de bain du peintre, vous découvrirez une bâtisse atypique. Et si, comme moi, vous êtes sensibles aux vieilles pierres, vous ressentirez certainement quelque chose de mystique en pénétrant dans ce cloître et en déambulant dans les couloirs de cet ancien hospice. Un peu comme si les âmes de ses pensionnaires, autrefois en souffrance, avaient marqué à jamais l'ADN de la bâtisse.

Cette «capitale» provençale a la particularité de satisfaire les goûts de tout un chacun. En effet, aux portes de St-Rémy se trouve le «Site de Glanum» . La mise à jour de ces vestiges archéologiques nécessitera plus d'un siècle de recherches. Grâce à cette détermination transmise sur plusieurs générations, la commune a ainsi pu déterrer une cité gauloise datant du II ème de notre ère aux influences grecques puis romaines. D'après la légende, il y aurait sur Glanum une source dite miraculeuse. En revanche ce qui est bien réel, c'est que ce lieu parfaitement entretenu, se visite moyennant un tarif qui peut s'avérer être un budget pour toute une famille.

Lorsque vous découvrirez le lieu, vous constaterez qu'en plus des nombreuses boutiques de souvenirs , d'artisanat , les galeries d'artistes et les restaurants proposés aux touristes, vous aurez la possibilité de visiter de très nombreux monuments dont l'origine s'étale sur plusieurs siècles. Ce qui, selon moi, accentue leur singularité. Je ne pourrai bien sûr pas tous les répertorier !

Mais parmi eux, il y a la Collégiale Saint-Martin qui fut reconstruite en 1821 dans le style néo-classique de l'époque. Puis si vous souhaitez parfaire vos connaissances sur Glanum, je vous recommanderais (seulement en saison) de visiter l'Hôtel de Sade. Cette demeure du XVème siècle abrite des pièces archéologiques issues des fouilles du site. Ou bien le Musée ethnologique régional des Alpilles qui vous offrira une magnifique cour intérieure finement sculptée. Et pourquoi pas, la Chapelle Jean de Renaud, de style gothique flamboyant avec son clocher du XIV ème siècle, qui s'avèrent être le seul vestige de l'ancienne église effondrée en 1818.

Donc si vous voulez découvrir, ou redécouvrir, tous ces magnifiques témoins du passé. Si vous souhaitez être accueillis par des habitants qui aiment par-dessus tout l'héritage que leur a laissé ce lieu. Alors je vous recommande de réserver un petit séjour dans une des nombreuses chambres d'hôtes ou d'hôtels que cette belle commune provençale saura mettre à votre disposition.

Vaison-la-Romaine...

Lorsque vous arriverez aux portes de Vaison-la-Romaine , il faudra garder à l'esprit que vous allez côtoyer 2000 ans d'histoire. Trois parties bien distinctes, la ville antique, la cité médiévale et la ville moderne ont appris à cohabiter en totale harmonie durant tous ces siècles, parvenant ainsi à créer un lieu très apprécié par les touristes et reconnu au-delà de nos frontières.

Superficie : 27 km²   Population : 6046

On dit que Rome ne s'est pas faite en un jour ! Vaison-la-Romaine non plus ! En effet, les origines de cette dernière remonteraient au IV ème siècle avant J.C. Si je fais allusion à Rome, ce n'est pas le fruit du hasard, car ce sont les romains qui feront du site l'une des plus riches villes de la Gaule Narbonnaise.

On dit que Rome ne s'est pas faite en un jour ! Vaison-la-Romaine non plus ! En effet, les origines de cette dernière remonteraient au IV ème siècle avant J.C. Si je fais allusion à Rome, ce n'est pas le fruit du hasard, car ce sont les romains qui feront du site l'une des plus riches villes de la Gaule Narbonnaise.

En 1645 sera fondée dans cette même cathédrale «la Confrérie de Monseigneur Vincent». Seuls les «bons catholiques et... croyants» pouvaient être intronisés. Comptant pas moins de 180 membres à sa création, son nombre ne cessera de décroître durant les décennies suivantes, pour ne compter plus que 41 partisans en 1791.

Il faudra attendre le XVIII ème pour que la majeure partie de la population redescende s'installer à la plaine. Deux siècles plus tard, elle prendra des allures de véritable ville vauclusienne, devenant ainsi un parfait compromis entre le passé et le présent .

Avec une économie essentiellement tournée vers la viticulture et le tourisme, la «ville moderne» verra son expansion se réaliser dans les années 30, grâce à son style architectural .

Mais une date viendra marquer à jamais l'esprit et le cœur des vaisonnais. Le 22 septembre 1992, une crue meurtrière sans précédent fera 37 morts et 4 disparus. La montée des eaux de l'Ouvèze fut aussi intense que rapide. Les pertes matérielles se chiffreront à 70 millions d'euros. Lorsque vous observez les façades qui surplombent la rivière, vous pouvez encore voir les stigmates laissés par Dame Nature. Certaines habitations n'ont même pas été reconstruites, laissant à l'esprit que tout peut basculer en quelques minutes.

Pour accéder à la cité médiévale, il faudra traverser le Pont qui représente à lui seul une entité. L'édifice, classé aux Monuments historiques depuis 1840, fut construit au Ier siècle après J.C. Durant la Seconde Guerre mondiale, les bombardements de l'armée allemande ont failli lui être fatal. Il faudra cependant attendre 1953 pour que les travaux de rénovation sur la voûte et le remplacement de quelques claveaux (pierres taillées en coin) soient réalisés.

Ce jour-là, j'ai déjeuné dans un restaurant-pizzeria aux pieds des remparts . Lorsque je me suis attablé, c'était un peu comme si je me retrouvais en plein tournage d'un film d'époque. Comme si je remontais le temps en toute quiétude. Et avec une certaine émotion, je dois bien l'avouer ! Car il se dégage de ces mûrs colossaux une atmosphère que je ne saurais expliquer.

Mais si vous souhaitez visiter deux millénaires d'histoire en toute sérénité, je vous conseille de passer une nuit sur Vaison. Ce ne sont pas les chambres d'hôtes et les hôtels qui manquent ! Ainsi, vous prendrez le temps de découvrir les vestiges, les musées, les lieux de culte, les galeries d'art ... Sans oublier les boutiques de souvenirs en tout genre qui feront de votre séjour un moment inoubliable !

Pour n'en citer que quelques-uns, vous aurez la possibilité d'aborder le site gallo-romain de Puymin , le musée archéologique Theo-Desplans, la Cathédrale Notre-Dame-de-Nazareth avec son cloître , la cathédrale Sainte-Marie-de-l'Assomption, la Galerie des Limonadiers ou Zanella Léon.

Vaison-la-Romaine, est un lieu où il faut prendre le temps d'apprécier chaque instant, afin que cette belle Dame de 2000 ans puisse nous dévoiler tous ses mystères et ses secrets . Lorsque vous changerez d'époque en passant de la période antique, à la période médiévale, puis moderne, essayez de lâcher prise. Peut-être que vous parviendrez à entendre Vaison vous susurrer à l'oreille quelques belles légendes qui ont traversé tant de siècles !

Gordes et Village des Bories...

Gordes est un village vauclusien implanté au cœur du Lubéron. Les nombreux artistes qui l'ont peint ou photographié, ont permis de l'immortaliser au fil des siècles, voir même de lui redonner vie. Je vous expliquerai pourquoi... !
Avant même d'arriver aux portes du village, vous pourrez admirer plusieurs kilomètres de murs en « pierre-sèche » (pierres assemblées sans mortier), qui viennent s'interposer entre la route et de magnifiques propriétés.

Superficie : 48 km²   Population : 1873

Au centre de ce digne représentant des villages provençaux, se dresse «Le Château». Cet imposant édifice de l'époque gallo-romaine, semble encore assurer protection et prospérité à ses villageois, tel un seigneur d'antan. Car d'un point de vue historique, Gordes avait pour mission de protéger Cavaillon, ainsi que d'accueillir ses habitants en période d'invasion.

C'est au XVIIIe siècle qu'elle connaîtra son apogée économique avec l'oléiculture, la sériciculture (élevage des vers à soie) et l'artisanat du cuir. Mais au XIXe siècle commencera une période difficile. Ce sont principalement l'exode rurale et les destructions de la Première Guerre mondiale qui seront responsables de ce déclin. De surcroît, une succession d'événements plongeront progressivement Gordes dans l'oubli. Mais en 1940, André Lhote, célèbre peintre et écrivain, aura un coup de cœur pour cette belle commune provençale. Il entraînera dans son tourbillon affectif, grand nombre d'intellectuels et d'artistes d'univers différents. Désormais, même si Gordes reste attachée à son terroir et à ses traditions, elle est devenue un « endroit chic », au sens noble du terme. Et ce contraste fait d'elle un lieu atypique et rempli de charme. Mais cette commune vauclusienne ne serait pas ce qu'elle est aujourd'hui si les habitants n'avaient pas fait perdurer les coutumes locales, en organisant tout au long de l'année des festivals, des fêtes du village, des manifestations culturelles, sans oublier la veillée calendale de Noël.

C'est certainement une des raisons pour laquelle le site fait désormais partie du cercle très fermé des Plus Beaux Villages de France !

Lorsque je découvre un lieu chargé d'histoire, je fais en sorte de me garer à l'extérieur. Ainsi je prends le temps de m'imprégner lentement de l'endroit. Si je devais comparer Gordes à une forme géométrique, je l'assimilerai à un dôme. Car c'est grâce à des calades entrelacées (rues pentues et pavées de galets) que vous découvrirez un village unique en son genre. Comme dans un labyrinthe à ciel ouvert, tantôt vous vous retrouverez dans un « cul de sac », tantôt « nez à nez » avec un magnifique panorama de la vallée du Lubéron.

Petit conseil : privilégiez des chaussures bien confortables !

Après avoir pris le temps de déjeuner, je me suis rendu à l'abbaye de Sénanque. Elle est l'une des trois « sœurs » cisterciennes de Provence, avec l'abbaye de Thoronet et l'abbaye de Silvacane. Seulement quelques kilomètres de routes particulièrement sinueuses et étroites séparent le village de Sénanque. Cet édifice du XII° siècle peut se visiter à des heures bien déterminées. Vous aurez également la possibilité de découvrir sa boutique et ses produits régionaux, fabriqués en grande partie dans l'enceinte de l'abbaye. Étant un fervent amateur de miel, je n'ai pu m'empêcher de repartir avec 1 kg de ce délicieux nectar. Après tout, c'est pour la bonne cause, puisque les recettes de la boutique et des visites servent à l'entretien du monument !

Précédemment, je faisais allusion à ces murets réalisés en pierre-sèche. En effet, difficile de dissocier Gordes de son célèbre « Village des Bories », appelé également le « Village Noir ». Tel un hameau échoué au milieu de la garrigue et des chênes verts, cette trentaine de constructions avait pour vocation d'héberger les paysans durant la saison agricole. Malgré son côté spartiate, chaque cabanon avait une fonction préalablement établie. On y trouvait granges, étables, greniers, fournils, cuves, fouloirs, poulaillers et bien entendu logements sommaires. Ainsi durant la saison, une véritable vie de village voyait le jour. Mais au XIX° siècle son activité finira par péricliter, pour finalement être abandonnée.

Il faudra attendre plus d'un siècle pour que le propriétaire du terrain mette tout en œuvre pour restaurer cette prouesse architecturale. Les travaux dureront près de dix ans. Classé Monument historique depuis 1977, les touristes peuvent toujours visiter le site afin d'y admirer une collection d'objets anciens, un jardin de plantes aromatiques, des habitations entièrement rénovées. Et ainsi comprendre à quel point la vie d'autrefois pouvait s'avérer rude.

Si vous avez, tout comme moi, la chance de visiter Gordes, vous réaliserez à quel point il est important de respecter la mémoire d'André Lhote. Car c'est grâce à cet artiste que ce village oublié peut aujourd'hui faire la jonction entre le passé, le présent et j'espère le futur....

Remerciements...

Il m'aura fallu presque quinze mois pour finaliser cette «tournée des grands ducs» qui me tenait tant à cœur. Grâce à la réalisation de cet ouvrage, j'ai eu le privilège de découvrir des endroits merveilleux et insolites. Des provençaux qui se battent pour préserver leurs traditions et leur ADN. Des lieux bâtis sur une Histoire qui ne ressemble à aucune autre. Ok, je suis un peu chauvin sur ce coup-là !

Mais je n'aurai pas pu écrire ce guide touristique sans la bienveillance de certaines personnes. Je tiens donc à remercier Albane P. qui m'a mis en contact avec les bonnes personnes, Stéphanie et Lionel. Parce qu'elle a cru immédiatement en mon projet.

Merci à Véronique d'avoir pris le temps de relire mes textes et corriger ce qui devait l'être.

Muriel P., Frédéric T., Sébastien M., Valérie B., Albane P. pour avoir eu la patience de lire mes premiers chapitres et de m'encourager à persévérer.

Et bien entendu, tous mes amis sur les réseaux sociaux qui m'ont soutenu depuis le début de l'aventure.

Quinze mois c'est rapide et long à la fois, surtout quand on a des baisses de régime et que le doute s'installe. Mais toutes vos ondes positives m'ont donné la force de mettre un point final à cette belle tranche de vie !

Rafael. F.